Python

Guía paso por paso para aprender Programación Python

Larry Lutz

©Copyright 2018 – Todos los derechos reservados.

Si te gustaría compartir este libro con otra persona, por favor compra una copia adicional para cada receptor. Gracias por respetar el arduo trabajo de este autor. De lo contrario, la transmisión, duplicación o reproducción de cualquiera de la siguiente obre incluyendo información específica será considerado un acto ilegal irrespetuoso de ello ya sea hecho electrónicamente o impreso. Esto se extiende a crear una copia secundaria o terciaria de la obra o una copia grabada y sólo se permite con consentimiento escrito expreso del Publicador. Todo derecho adicional Reservado.

Indíce

CAPITULO 1.. 5
INTRODUCCIÓN A PYTHON 5

CAPITULO 2 18
UTILIDADES DE PYTHON 18

CAPITULO 3 27
CONFIGURANDO EL AMBIENTE PYTHON 27

CAPITULO 4 42
LO BÁSICO DE PYTHON 42

CAPITULO 5 55
VARIABLES, CADENAS DE CARACTERES Y
OPERADORES 55

CAPITULO 6 75
ASPECTOS MATEMÁTICOS 75

CAPITULO 7 100
TIPOS DE DATOS 100

CAPITULO 8 114

LISTAS Y TUPLAS 114

CAPITULO 9 135
DICCIONARIOS 135

CAPITULO 10 150
FRASES DE CONTROL 150

CAPITULO 11 174
FUNCIONES Y MÓDULOS 174

CAPITULO 12 189
ENTRADA Y SALIDA DE ARCHIVOS 189

CAPITULO 13 206
PROGRAMACIÓN ORIENTADA A OBJETO 206

CAPITULO 14 216
OPTIMIZACIÓN DE CÓDIGO 216

CAPITULO 15 235
BIBLIOTECAS ÚTILES DE PYTHON 235

Capítulo 1

Introducción a Python

Introducción:

El software consiste de muchos programas pequeños interactuando entre sí. Cada programa es una combinación de instrucciones de forma ordenada para llevar a cabo un proceso específico. Los procesos son de diferentes tipos basados en la complejidad del programa. El desarrollo de los programas se hace basado en el tipo de complejidad. Los algoritmos se necesitan para encontrar una solución al problema o implementar los procesos.

Un algoritmo puede considerarse como la lógica del programa. Cada programa es escrito con algún tipo de algoritmo. Luego del desarrollo del programa, se lleva a cabo la prueba del programa para medir el desempeño del programa para diferentes entradas. Se hace la documentación apropiada con el desarrollo de cada programa para referencias futuras.

Para desarrollar cualquier programa en la industria del software, hay siete etapas principalmente:

- o Recolección de requerimientos
- o Analizar el problema
- o Decidir la Entrada y Salida
- o Desarrollar un Algoritmo
- o Implementación del Programa
- o Prueba y Arreglo
- o Documentación

Para encontrar una solución a cualquier problema de software, las aproximaciones de diseño juegan un rol muy importante. Es esencial representar la solución para grandes sistemas complejos. Hay varias aproximaciones de diseño evolucionadas a lo largo del tiempo en el dominio del software.

Aproximación de Arriba hacia abajo :

El sistema consiste de varios componentes en una jerarquía apropiada. En esta aproximación de diseño, el diseño se hace desde los componentes de nivel superior hacia los componentes de nivel inferior.

Aproximación de abajo hacia arriba:

Este es el diseño inverso de la aproximación Arriba Abajo. Los componentes del Nivel inferior se diseñan primero y luego se pasa a los componentes de nivel superior. Los componentes de nivel inferior también son llamados componentes base del sistema.

Aproximación Modular:

Esta aproximación apunta a segregar al sistema entero en diferentes módulos. Cada módulo es implementado diferentemente usando un programa. Los módulos están bien definidos en términos de entradas y salidas, brinda flexibilidad para modificar en la prueba futura e independiente. Cada lenguaje se diseña en la base de su requerimiento y propósito. Como FORTRAN que fue desarrollado para resolver problemas relacionados a la ciencia y matemáticas, COBOL fue desarrollado para encontrar soluciones a aplicaciones de negocios.

El desarrollo del interpretador Python fue empezado por Guido Van Rossum como su proyecto de hobby como sucesor del lenguaje ABC, pero hoy en día debido a su simplicidad y características de pseudo-código, tiene un millón de usuarios alrededor del mundo. El intérprete de

Python no sólo es capaz de resolver problemas de programación compleja, sino que es capaz de atacar problemas del siglo XXI en el campo de la automatización, desarrollo web, aplicaciones de escritorio, y muchas más.

Historia:

Python era uno de los proyectos hobby de Guido Van Rossum luego de su trabajo regular a finales de los años 80. El nombre irrelevante del proyecto fue debido a su afición al Monty Python's Flying Circus. Su intención era desarrollar un intérprete de código simple y legible. Guido lanzó la primera versión del intérprete Python en el año 1991. Hoy en día, hay mucha versiones de Python disponibles en los nombres de serie de 2.X hasta 3.X y todavía, las últimas versiones se están lanzando todos los años.

Actualmente, el desarrollo y la mejora de Python es manejada por una organización sin perfil llamada Python Software Foundation y Guido Van Rossum aún tiene un rol muy importante en el desarrollo del intérprete Python. Hay muchas versiones del intérprete Python, y con cada lanzamiento, sus características han sido mejoradas y se han añadido otras. En octubre del año 2000, Python 2.0 fue lanzado.

Las características más importantes fueron incluir soporte de Unicode y Administración de memoria con un sistema de recolección de basura de detección cíclica. En el año 2008, Python 3.0 fue lanzado con más funcionalidades y compatibilidad con las versiones de Python 2.6 y Python 2.7.

Lenguaje de Guión :

- o Python es un lenguaje de programación de alto nivel y propósito general.
- o Puedes haber visto personas que lo consideren como un lenguaje de escritura porque entienden que un guion y un programa son lo mismo.
- o A menudo usan la palabra "Guion" en lugar de "Programa." Python se ha vuelto la herramienta para muchas personas alrededor del mundo por sus características fácil de usar. Algunas veces los usuarios de Python también se refieren al "archivo python" al usar el término "guion" (script en inglés).

- Comúnmente, Python es un lenguaje de programación Orientado a Objetos que hereda todas las ventajas de OOP y dividir un programa en procedimientos, módulos y funciones. Su orientación hacia objetos lo hace útil para el propósito de escritura.

Ventajas:

El lenguaje Python es ampliamente usado en todo el globo. Su popularidad se debe a sus características y muchas ventajas unidas a él. Algunas de las ventajas más grandes son:

Fácil de aprender, leer y mantener:

La filosofía de diseño de Python se centra más en la legibilidad del código. Su naturaleza de pseudocódigo lo hace fácil de aprender para novatos que quieren aprender a programar.

Cualquier fondo de ciencia puede ser entendido al leer el código por sus simples palabras en Inglés usadas como palabras clave. El código Python es también muy fácil de mantener.

Un puñado de Bibliotecas Estándar:

El paquete de Python está disponible con muchas bibliotecas estándar, que son una ayuda para resolver diversos retos de programación. Estas bibliotecas también son compatibles con plataformas cruzadas. Esto te permite pasar tu código Python a cualquier plataforma como Windows, Mac, y Linux.

Fácil desarrollo y Prueba:

Python Interative es muy popular y un rápido interprete de Python. Te ayuda a probar y a correr snippets de código bastante rápido. Cuando estás en mitad de un gran programa necesitas probar algún código, sólo tienes que correr el Intérprete Python y correrlo en él.

Programación de Interfaz Gráfica de Usuario (por sus siglas en inglés GUI)

Python avala muchas bibliotecas para el desarrollo de GUI tales como Tkinter, Wx, y PyQT, etcétera. Estas bibliotecas soportan llamadas de sistema y compatibilidad entre plataformas.

Extensible a Lenguajes de Bajo nivel:

Python también te permite incluir módulos de programación de lenguaje de bajo nivel como C, C++, y Java en tu código que ayuden en el desarrollo de soluciones rápidas y eficientes. Debido a su naturaleza extensible, puedes tener todas las ventajas de un lenguaje de programación de bajo nivel con desarrollo rápido.

Desventajas:

Con las numerosas ventajas de usar el lenguaje Python a lo largo de los años en varios campos, hay también algunas desventajas de usarlo para algunas aplicaciones.

- o Python es un lenguaje de alto nivel, de modo que su velocidad de ejecución no es tan rápida cuando se compara con C y C++. Pero a lo largo del tiempo, las bibliotecas de Python son optimizadas para usarlo en aplicaciones donde el tiempo es un aspecto importante.

- Para programación de GUI, las bibliotecas de Python son optimizadas lo suficiente para brindar un servicio casi tan rápido como C y C++.

Ejercicio

1. Explique la filosofía de diseño de Python.

   Respuesta: Guido tenía la siguiente filosofía acerca del diseño e implementación:
   - La implementación de Python no debería estar unida a una plataforma específica. No hay problema si algunas características no están siempre disponibles, pero el núcleo debería funcionar en cualquier lado.
   - No perturbar los detalles que la máquina maneja.
   - Los errores no deberían ser fatales. Es decir, mientras la máquina virtual aún sea válida, el código de usuario debería

ser capaz de recuperarse de la condición de error.

- Al código de usuario de Python no se le debería permitir causar errores en el comportamiento indefinido del Intérprete de Python; la falla del núcleo nunca será la culpa del usuario.

2. ¿Cuáles son las características clave de Python?

Respuesta: las características clave de Python son las siguientes–

- Python es un lenguaje interpretado. Eso significa que, a diferencia de C y sus variantes de lenguaje, Python no necesita ser compilado antes de correr. Otros lenguajes interpretados incluyen PHP y Ruby.

- En Python, una función es un objeto de primera clase. Esto significa que es asignado a una variable, regresada de otra función, y pasado a la función. La clase es también un objeto de primera clase.
- La creación del código Python es rápida pero corre más lento que el lenguaje compilado.
- Python es útil para programación orientada a objetos. Esto es para permitir definiciones de clase, combinaciones y herencia.
- Python brinda aplicaciones en muchas áreas, incluyendo aplicaciones web, automatización, modelado científico, y aplicaciones de datos a gran escala. También es usado a menudo como un código "pegamento" para hacer

diferencias en otros lenguajes y componentes.

Capitulo 2

Utilidades de Python

Introducción:

Basado en las varias estadísticas disponibles en línea, hay casi un millón de usuarios del leguaje Python. Los datos numéricos pueden ser más o menos que eso pues Python es un lenguaje de código abierto y estos datos probablemente se basan en el número de descargas. El código fuente de Python está disponible en línea, pero la Fundación de Python Software aún tiene sus derechos de autor para este lenguaje.

El código fuente de Python está disponible para usar bajo la Licencia de Público Generla GNU. Hoy en día, el paquete de Python viene preinstalado con los sistemas operativos Macintosh y Linux. Debido a sus varias características impactantes, Python es usado en muchas soluciones de software y aplicado para resolver problemas en tiempo real con soluciones que generan provecho.

Grandes gigante como Google, Netflix y Dropbox han usado el lenguaje Python en muchas formas. El proceso de interfaz trasera del motor de búsqueda web de Google es escrito en Python. La colección más grande de videos del mundo, Youtube, está desarrollada totalmente en Python. El Drobpox usó Python para servicios de almacenamiento y para sus aplicaciones de escritorio.

Utilidades:

A pesar de las características bien diseñadas de Python, Python se usa para resolver muchos problemas del mundo real en los varios dominios. Los programadores también lo usan para resolver sus problemas del día a día. De hecho, las aplicaciones de Python son casi ilimitadas puesto que puede usarse desde aplicaciones de juegos simples hasta soluciones complejas de robótica y aeroespacial de gama alta.

Algunas de las aplicaciones presentes y emergentes como las descritas en las siguientes secciones:

Interfaz de Usuario Gráfica:

Python tiene una gran gama de bibliotecas GUI que podrían usarse para desarrollar aplicaciones de interfaz frontal. Estas GUIs son soportadas por Macinthosh, Windows, y distribuciones de Linux. La Biblioteca Tk es incluida automáticamente con Python 2.0 llamada Tkinter. Esta biblioteca podría también extenderse por la Biblioteca PMW para usar widgets mejorados en la interfaz frontal. La biblioteca Qt GUI también está disponible con el nombre de PyQt y Swing GUI con el nombre de Jython. Estas GUIs no sólo están limitadas a aplicaciones computacionales, sino también a aplicaciones incrustadas.

Escritura Web:

Python ha hecho la programación compleja del cliente de servidor realmente simple al usar las bibliotecas estándar disponibles con ello. Estos módulos permiten a los programadores implementar tareas de redes muy rápido. Los guiones de Python también ayudan a crear sockets y comunicaciones de datos en él. La transferencia de archivos usando FTP y analizando datos XML es fácil de implementar. Hay métodos disponibles para comunicación de redes para enviar, recibir, analizar y crear correos electrónicos.

Programación de Base de Datos:

Para la demanda de acceder los datos desde bases de datos tradicionalmente, Python también avala características de acceso de bases de datos y programación para las bases de datos comúnmente usadas como MySQL, Oracle, ODBC, y Sybase. También se considera como la base de datos portátil API pues brinda la portabilidad del código para la base de datos simplemente cambiando la interfaz del vendedor.

Aplicaciones Matemáticas y Científicas:

Python es capaz de apuntar a problemas de matemáticas complejas así como también del dominio científico que no han sido abordados por ningún lenguaje de programación tradicionalmente. NumPy es la biblioteca numérica muy popularmente usada, que permite al programador resolver problemas numéricos rápidos al programar una aplicación. Es una de las utilidades irresistibles de Python.

Hay muchas más librerías estándar disponibles para cálculos numéricos y representaciones de datos en modelos 3D. SciPy y ScientificPython son bibliotecas populares usadas como herramientas científicas que diferencian a

Python de los otros lenguajes de programación tradicionales. Estas son bien optimizadas en términos de procesar los complejos algoritmos y la matemática. Debido a esta razón, NumPy es el núcleo de la interfaz en el desarrollo de la Biblioteca SciPy.

Aplicaciones de Juego:

La industria del Software de juegos también toma ventaja de las bibliotecas de Python como PyGame, PySoy, Pyglet, y otras. Algunas bibliotecas también incluyen funcionalidades multimedia con ellas.

Aplicaciones incrustadas:

El incrustado o embebido es una combinación de componentes de software y hardware como aplicaciones basada en un microprocesador y un microcontrolador. El Rasbperry Pi es un microprocesador popular que usa el lenguaje Python para el desarrollo del firmware. Todos los módulos que lo controlan están escritos en el lenguaje Python.

Aplicaciones de imágenes y minería de datos:

El procesamiento de Imágenes y la minería de datos son campos emergentes en el siglo XXI. Hay varias interfaces disponibles que están siendo usadas para aplicaciones de procesamiento de imágenes como PyOpenGL, OpenCV, y Maya. La minería de datos trata con grandes conjuntos de datos y aplicar cálculos matemáticos para generar resultados, y Python es una herramienta genial para lo mismo. Matplotlib y Mayavi son los módulos de interfaces comunes disponibles para la minería de datos y la visualización.

Ejercicio

1. ¿Cuál es la diferencia entre una copia profunda y superficial?

Respuesta:

Copia Superficial: cuando se crea un nuevo tipo de instancia, se usa la copia superficial y se mantiene el valor copiado a la nueva instancia. Las copias superficiales son usadas para copiar punteros de referencia al igual que valores de copia. Estas referencias apuntan al objeto original, y cambios al miembro de la clase también afectarán a la copia original. Usar copias superficiales reduce el tiempo de ejecución del programa y depende del tamaño de los datos usados.

Copia profunda: la copia profunda se usa para almacenar valores copiados. Con la copia profunda, los apuntadores de referencia a objetos no son copiados. Contiene una referencia a un objeto y a un nuevo objeto apuntado por otro objeto. Los cambios hechos a la copia original no afectan el uso de otras copias del objeto. La replicación profunda ralentiza la ejecución del programa porque se crean copias de cada objeto invocado.

2. Explora más utilidades del lenguaje de Programación Python.

   Respuesta: muchas organizaciones actualmente están usando Python para llevar tareas acabo. Las organizaciones usualmente tienen información para publicar secretos comerciales, de modo que no necesariamente tienes que escuchar estos mensajes. Sin embargo, Python juega un rol importante al organizar la forma en que trabajamos y mantenemos el ingreso. Aquí están algunas de las compañías que pueden usar Python. Esto hace más fácil de usar a Python en tu organización.

- Corel
- D-Link
- Eve – Online
- Forecast watch
- Frequentis
- HP
- Honeywell

Capitulo 3

Configurando el Ambiente Python

Antes de que empieces con la programación Python, necesitas Python en tu computadora. Puedes chequera si Python está ya instalado en tu computadora o no. Abre tu ventana de comando y escribe "python" y presiona intro, si muestra alguna respuesta del interprete Python con el número de versión entonces no necesitas descargar Python a tu sistema.

Python está disponible en una amplia variedad de plataformas. Puedes descargar Python para todos los distintos ambientes y puede llevarse e las máquinas virtuales de java y .net. Por ejemplo, puedes usar Python en tu UNIX, Linux, Windows, Macintosh, DOS, etcétera.

Obteniendo Python:

La versión más actualizada y previa de Python está disponible en el sitio web oficial de Python con código fuente, binarios, y toda la documentación preferible. Puedes visitar la página oficial de Python en https://www.python.org/.

Puedes descargar o referirte a documentos de Python desde https://www.python.org/doc/. La documentación particular está disponible para todas las versiones de Python.

Instalar Python:

Python está disponible para una amplia variedad de plataformas. Tienes que descargar el archivo binario de la versión de Python de acuerdo a la plataforma y luego instalar Python en tu computadora.

Si el código binario no está disponible para tu plataforma, entonces puedes usar un compilador C para compilar el código fuente manualmente. La compilación del código fuente da más flexibilidad en términos de la elección de características.

Instalación en Windows:

El intérprete Python no está pre- instalado en Windows, pero eso no significa que los usuarios de Windows no lo encontrarán un útil lenguaje de programación. Sin embargo, instalar la última versión de Python no es un tema trivial, así que asegúrate de encontrar la herramienta correcta para la tarea.

Puedes descargar la última versión de Python 2 y Python 3 de acuerdo a tu necesidad. El instalador instalará la versión de 32 o 64 bits de acuerdo a tu computadora automáticamente.

Instalación de Python 2:

Puedes instalar la versión de Python 2 desde el sitio oficial de Python https://www.python.org/downloads/. La última versión está también disponible pero si quieres descargar una versión más vieja entonces puedes hacerlo descargando su código binario. Cliquea en Descargar Python 2.7.14 de modo que empiece a descargar el código binario en tu computadora automáticamente.

Mientras se descarga, el instalador configurará un camino variable para ti. Descarga y corre el instalador..

- Mientras se descarga, el instalador configurará un camino variable para ti. Descarga y corre el instalador.

Looking for a specific release?

Python releases by version number:

Release version	Release date	
Python 3.6.4	2017-12-19	Download
Python 3.6.3	2017-10-03	Download
Python 3.3.7	2017-09-19	Download
Python 2.7.14	2017-09-16	Download
Python 3.4.7	2017-08-09	Download
Python 3.5.4	2017-08-08	Download
Python 3.6.2	2017-07-17	Download

View older releases

- Selecciona Instalar para todos los usuarios y cliquea en el Botón de Siguiente.

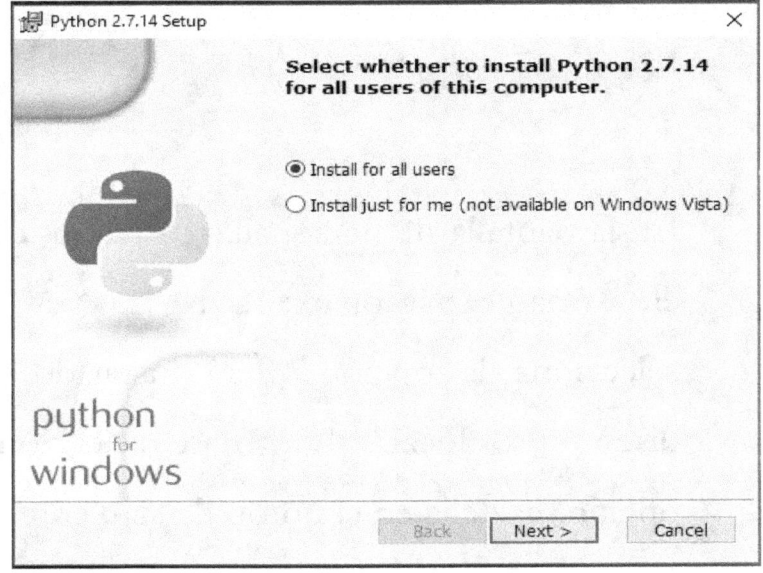

31

- Mientras seleccionas el directorio, deja el directorio como Python 27 y cliquea en el botón de siguiente.

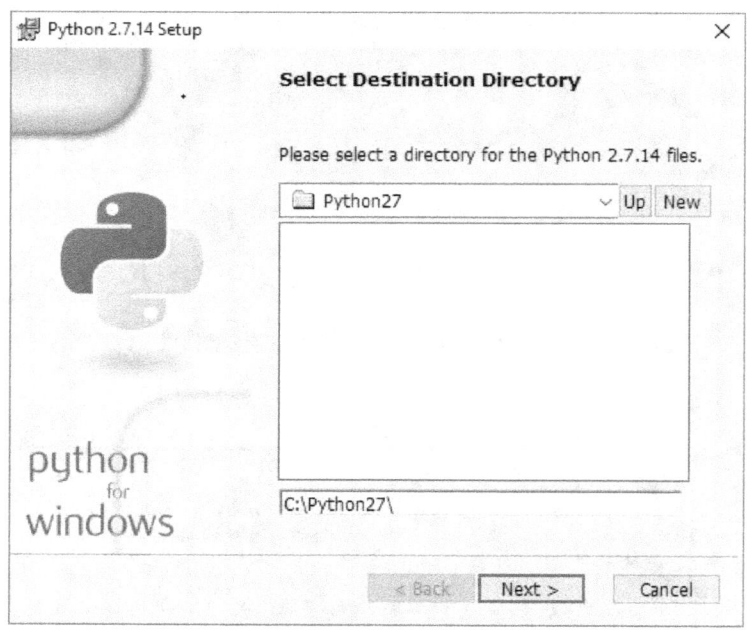

- En la pantalla de personalizar Python, cliquea en "Añadir python.exe a la ruta" y luego selecciona la opción "Será instalado en el disco duro local." Luego de seleccionar la opción, haz clic en el botón de siguiente.

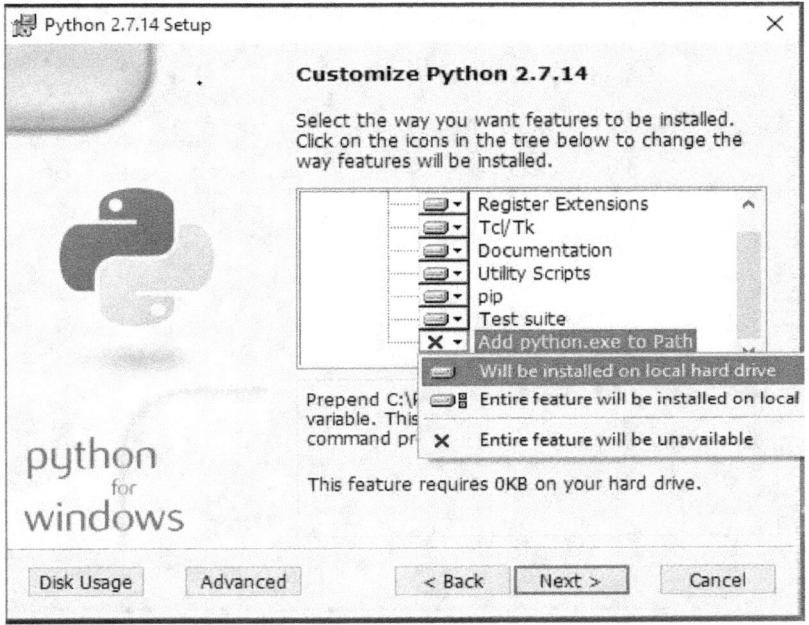

- Luego de cliquear en Siguiente, comenzará el proceso de instalación. Luego de completarlo, cliquea en el botón de terminar.

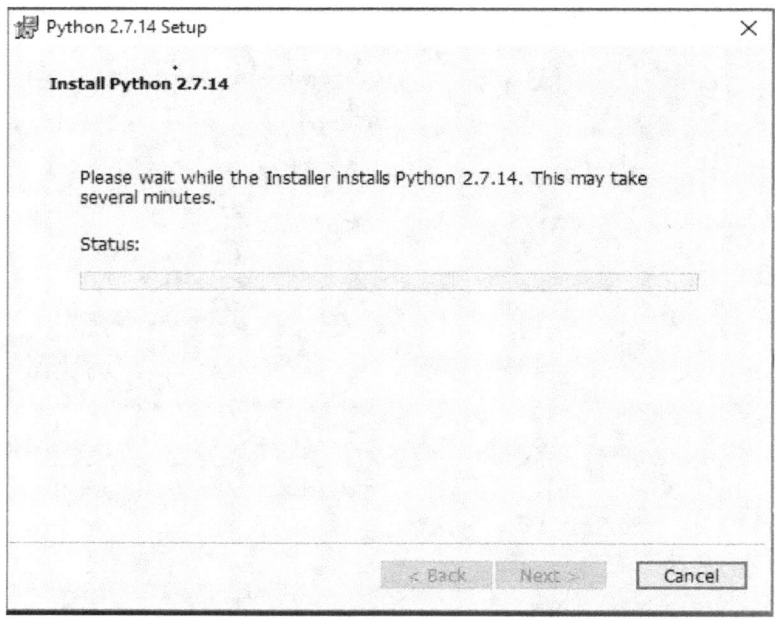

- Puedes buscar python en el menú de "Inicio" y puedes abrir Python Idle y la línea de Comando de Python para más operaciones.

Puedes instalar y trabajar tanto en la versión 2 como en la versión 3 de Python simultáneamente en tu sistema. Pero cuando escribas "Python" en el cuadro de comandos, no señalará a Python 2.7.

Esto se debe a la variable que apunta al directorio y a todo ejecutable presente en ese directorio que funciona como el comando en la línea de comando. Si dos directorios están presentes y ambos tienen un archivo "python.exe", entonces usará la variable del directorio que está más alto en la lista. Si hay una variable para usuario y sistema, entonces la ruta de sistema toma prioridad sobre la ruta de usuario.

Para removerla, puedes cambiar el nombre de la carpeta Python, "Python" a Python 2 o "python 3" para Python 3 en el directorio donde has instalado Python en tu computadora. Luego de cambiar el nombre en el directorio instalado puedes revisar la versión en la línea de comando.

Si no estás satisfecho con la solución, entonces puedes reordenar la variable ambiente y usar la versión de Python de acuerdo a la necesidad de tu proyecto.

Instalación en Linux:

Puedes instalar y configurar Python al usar la Terminal, que no es gráfica. En lugar de seleccionar opciones de la pantalla de la GUI y hacer click en botones, tienes que escribir comandos y recibir una respuesta de tu computadora.

Ubuntu 16.04 viene con Python y Python 3 pre-instalados. Para asegurarte de si tienes la última versión de Python o no, puedes actualizar y mejorar tu computadora con el comando apt-get.

$ sudo apt-get update

$ sudo apt-get –y upgrade

El carácter de –y confirmará que estás instalando todos los proyectos en el sistema, pero dependiendo de tu versión de Linux, tienes que seleccionar prompts adicionales durante las mejoras y actualizaciones del sistema.

Si estás usando una versión más antigua de Ubuntu y otros sistemas operativos basados en Linux en los que Python no está pre-instalado, entonces puedes usar el siguiente comando para instalar Python:

$ sudo apt-get install python2.7

Puedes revisar la versión de Python instalado al escribir el comando:

$ python2.7 –V

Recibirás una salida con la versión de Python en la ventana de la terminal. La salida se verá así:

Python 2.7.14

Para instalar pip en tu sistema, usa el comando:
$ sudo apt-get install –y python-pip

Instalación en Macintosh:

El proceso de instalación de Python es algo similar en Linux y Macintosh. Macintosh viene con la versión pre-instalada de Python. Puedes revisar la versión de Python al escribir:

$ python –V or

$ python --version

Si estás instalando Python de nuevo o necesitas instalar la última versión de Python, entonces tienes que escribir el siguiente comando:

$brew install python

Python IDEs:

Hay muchos Python IDE (siglas de Integrated Development Enviornment y traducido como Ambiente de Desarrollo Integrado) que son útiles para que trabajes en un proyecto de Python. El IDE puede manejar fácilmente grandes proyectos que tienen cientos de módulos pequeños. El enfoque principal mientras trabajas en IDE es la simplicidad y facilidad de uso brinda una interfaz gráfica al programador para su facilidad. Algunos de ellos son bastante ligeros y rápidos mientras trabajas en proyectos Python. Aquí está la lista de IDEs que son compatibles con Windows, Linux y Mac:

- IDLE
- PyDev
- Eric
- LiClipse
- NetBeans
- Pycharm
- Pyscripter
- Spyder
- Python tools for Visual Studio

Aquí hay algunos de los IDEs que vienen con el desarrollador integrado de GUI. Es útil cuando estás trabajando en algún proyecto Python basado en GUI. Son:

- MonkeyStudio
- Xcode
- Visual Python
- PythonCard

Ejercicio

1. Instala el paquete Python en tu Sistema. Refiérete a los pasos según sea tu sistema operativo especificado en el capítulo.

Capitulo 4

Lo Básico de Python

En el capítulo anterior, hemos aprendido acerca de las varias características, utilidades y configuraciones de Python en tus sistemas. Ahora es momento de comenzar con el entendimiento de los guiones básicos de Python y familiarizarse con su ambiente de programación.

Estaremos usando el ambiente de distribución de Linux para escribir y correr los guiones (scripts) a lo largo de este libro. Puedes usar cualquier otro ambiente en lugar de Linux como Macintosh o Windows y configurar tu paquete de Python como se explica en el capítulo previo y prepárate para comenzar.

Programa Hola, Mundo

Hola, Mundo (Hello, World en inglés) es el programa más básico para aprender cualquier lenguaje de programación. Python es un lenguaje de programación realmente rápido y sucio. Es sólo cuestión de tiempo de que tengas alguna solución en tu mente y rápidamente la codifiques, gracias a la filosofía de diseño de pseudo-código de python.

Puedes usar ya sea el Modo interactivo de Python para escribir tu primer Hola y el programa Mundo brindará un prompt de salida o el método tradicional para escribir un programa en un editor de texto. Aquí ambas formas han sido explicadas:

Empecemos,

Usando un Editor de Texto:

Abre cualquiera de tus editores de texto favoritos como Notepad, VI editor, o VIM, etcétera. Escribe el siguiente programa y guárdalo con el nombre de "helloWorld.py".

$ print "Hello, World"

```
# Hello World Program
print "Hello, World!!"
```

Para correr el programa, tendrás que abrir la terminal (en Linux) o la ventana de línea de Comando (en Windows). Cambia tu directorio actual a la carpeta de archivos de programa y corre el siguiente comando:

$ python helloWorld.py

La salida es como la siguiente:

```
Hello, World!!
```

Usando Python Interactive:

Python Interactive es un modo de python que usan los programadores para escribir un snippet de código rápido y para probarlo mientras trabajan con el gran programa. La significancia y utilidad de Python Interactive es explicada más en profundidad en las próxima sección de este capítulo.

Acá puedes simplemente tener una experiencia práctica de Python Interactive con este ejemplo:

Empecemos con ello. Abre la Terminal en tu sistema y escribe lo siguiente:

$ python

```
Python 2.7.12 (default, Nov 19 2016, 06:48:10)
[GCC 5.4.0 20160609] on linux2
Type "help", "copyright", "credits" or "license" for more information.
>>>
```

Con este comando, estás diciendo al intérprete Python para que corra en modo interactivo. Escribe en la siguiente línea el programa Hello,World y presiona intro luego.

% >>> print "Hello, World"

Con el botón intro, prontamente mostrará una salida como la siguiente:

```
>>> print "Hello, World"
Hello, World
```

Este método de correr tu programa Hello, World es sólo para tu experiencia con Python Interactive. Para escribir cualquier programa futuro, usaremos el método del editor de texto tradicional.

Entendamos en más detalle los pasos y el programa que tenemos que correr.

Para obtener un resumen el programa de una línea. Hay que descomponerlo en dos partes: una es imprimir y la otra es "Hello, World." Imprimir (Print) es una función, similar a la función printf en C. muestra datos en la pantalla de salida en forma de cadena de datos y "Hello, World" es una cadena de datos que es un argumento para la función imprimir. A partir de ahora, no deberías pensar demasiado en cadenas de datos y funciones. Estas son explicadas bien en los siguientes capítulos.

Python Interactive:

La ventana interactiva de Python es sencilla y también muy útil para el programador durante el desarrollo del código Python es similar a sentarse al frente del Intérprete Python y obtener resultados para cada expresión de Python. Esto ayuda a los programadores a experimentar y probar snippets de código.

Para activar el modo interactivo de Python en tu sistema, sólo tienes que escribir Python y presionar intro en la Terminal. Luego mostrará unas pocas líneas con detalles del interprete de python como el número de versión y otros y sugerirte una entrada con como se muestra en la siguiente imagen:

```
Python 2.7.12 (default, Nov 19 2016, 06:48:10)
[GCC 5.4.0 20160609] on linux2
Type "help", "copyright", "credits" or "license" for more information.
>>>
```

Cuando trabajas con Python interactivamente, te dará el resultado de cada expresión en la línea de texto mientras la escribas y presiones la clave Intro. Debido a esto, no se requiere que pongas un comando de impresión en el modo interactivo de Python. Aquí está la siguiente expresión: x=10, que representa que a x se le asigna un valor entero de 10 y al presionar la clave Intro, su valor será mostrado. Similarmente para str= "Hello, World". A la cadena de caracteres "Hello, World" se asigna la variable str.

```
>>> str = "Hello, World"
>>> str
'Hello, World'
```

Ahora es ciertamente clara la razón tras el uso del modo interactivo de Python. Siendo un programador experto, puedes experimentar con unas pocas líneas de comando de Python para ver el comportamiento de Python cuando trabajes con programas grandes.

Funciones básicas integradas:

El paquete de Python está disponible con varias funciones de entrada- salidas útiles. Siendo un programador principiante de Python, es un deber entender y recordar estas funciones. Los nombres de estas funciones, sintaxis y descripciones son las siguientes:

1. raw_input() or input() :

    Esta función es similar a la función scanf en C. se usa para tomar una entrada del usuario.

2. print():

    Esta función es útil para imprimir los datos de la ventana de salida en forma de cadena de caracteres.

3. len():

    Esta función se usa para obtener el largo del objeto. Aquí el objeto puede ser una cadena de caracteres, una tupla, o una lista y el objeto es pasado como un argumento en la función len.

4. str():

   Esta función es útil para convertir el tipo de objeto. La versión de objeto se cambia a tipo cadena de caracteres.

5. abs()

   Esta es una función matemática y es la misma que la función matemática de absoluto. Da el valor absoluto del objeto.

6. help()

   Esta función es muy útil para obtener información de cualquier función, método o palabra clave. Si ningún objeto es pasado en la función, llevará a una ventana de ayuda de Python, y si alguna cadena de caracteres es pasada por ella como un objeto, entonces buscará esa cadena en la documentación y muestra la función relevante o los datos.

7. min():

Esta función da el elemento más pequeño en un objeto iterativo o dará el elemento más pequeño cuando se pasan múltiples objetos.

8. max()

Esta función da el mayor elemento en un objeto iterativo o dará el mayor elemento cuando múltiples objetos son pasados.

9. all()

Esta función retorna un valor Booleano que es Verdadero o Falso. Da Verdadero como el valor de retorno cuando todos los elementos en el objeto iterativo son verdaderos.

10. any():

Esta función también retorna un valor Booleano. Da verdadero como valor de retorno cuando alguno de los elementos de los elementos del objeto iterativo es cierto.

Ejercicio

1. Crea y Corre un programa para mostrar el siguiente texto de cadena de caracteres. "python es un lenguaje de programación ampliamente usado"Código:

```
print "python is widely used programming language";
```

Salida:

```
python is widely used programming language
```

2. Crea un programa de python para tomar una cadena de caracteres de entrada de un usuario y mostrarla en la ventana de salida.

Código:

```python
str = raw_input("Enter string: ");
print "input is: ", str
```

Salida:

```
Enter string: Hello python
input is:  Hello python
```

Capitulo 5

Variables, Cadenas de Caracteres y Operadores

Las variables son identificadores que reservan un lugar de la memoria para almacenar valores. Esto significa que cuando estás creando alguna variable, estás creando algún espacio en la memoria.

El intérprete asignará memoria basándose en el tipo de dato de la variable, y el tipo de data define el valor que tiene la variable. Las variables pueden tener enteros, caracteres, cadenas de caracteres, y otros tipos de datos.

Variables (Valores):

Un valor es una pequeña unidad del programa como una clave y un número, que se usa mientras se le asigna a la variable. No tenemos que declarar una variable antes de asignar un valor. El Intérprete de Python automáticamente asignará el tipo de dato mientras asigna el valor a esa variable.

El signo = se usa para la asignación. En la parte izquierda del signo igual está la variable y en la parte derecha del signo igual está el valor que se le asigna a esa variable.

Código:

```python
name = "Mark"
height =6
age = 25

print (name)
print (height)
print (age)
```

Salida:

```
Mark
6
25
```

En el código anterior, las variables son "name", "age", y "height" y estamos asignando valores a cada variable. La variable name está almacenando los valores de caracteres, age almacena un valor entero, y height almacena el valor flotante. No tenemos que declarar el tipo de dato de variable; automáticamente asignara el tipo de dato de acuerdo a los valores asignados.

Reglas para la variable name (nombre):

- La variable name debe empezar con un guion bajo o carácter.
- La variable name distingue mayúsculas de minúsculas y contiene sólo un carácter alfa numérico.
- La variable name no puede contener ningún espacio.

- No puedes usar palabras reservadas como el nombre de una variable.

Tipos de datos:

Una variable puede tener diferentes tipos de datos en la memoria. Para almacenar un nombre, se usa una cadena de caracteres, age en valor numérico, hieght en valor flotante. Hay algunos tipos de datos estándar en el lenguaje de programación Python que puedes usar para almacenar datos en la memoria.

Estos tipos de datos estándar son:

- Cadena de caracteres (string)
- Tupla (Tuple)
- Diccionario (Dictionary)
- Números (Numbers)
- Lista (List)

Cadenas de caracteres:

En el lenguaje Python, una cadena de caracteres es una secuencia de texto y bytes. Una cadena de caracteres empieza con comillas simples y dobles. Puedes también usar comillas simples sin comillas dobles y viceversa.

En palabras simples, una cadena de caracteres es un arreglo de caracteres y puedes usar indexado para acceder a los elementos en un arreglo. El índice empieza en cero a la izquierda y -1 a la derecha. En Python, las cadenas de caracteres son inmutables en naturaleza. No puedes cambiar caracteres en la cadena de caracteres una vez que es generada. El operador 'in' se usa cuando necesitamos revisar la presencia de una sub cadena en la cadena de caracteres. El resultado de comparar la cadena se representa en la forma de un valor Booleano.

Python nos brinda el bastante simple método para cortar la sub cadena desde la cadena de caracteres. Se conoce como cortado de cadena. Puedes separar dos índices con dos puntos (:).

¿Cómo acceder a valores de la cadena de caracteres?

El lenguaje de programación Python no soporta tipos de datos de caracteres porque el carácter es tratado como una cadena de caracteres en Python. Da una longitud de cadena y por ende se le considera una sub cadena.

Código:

```
char1 = 'Hello Python'
str1 = "Python Programming"
print ("First value is: " , char1)
print ("Second value is: ", str1)
```

Salida:

```
('First value is: ', 'Hello Python')
('Second value is: ', 'Python Programming')
```

Actualizar la Cadena de Caracteres:

Reasignar a una cadena de caracteres existente con una nueva cadena te dará una cadena actualizada. La nueva cadena de caracteres puede estar relacionada a la cadena de caracteres previa o ser una completamente nueva.

Código:

```
char = "Hello Python"
print ("New String is: " , char)
```

Salida::

```
('New String is: ', 'Hello Python')
```

Caracter de escape:

Notación de barra invertida	Descripción
\a	Alerta
\b	Retroceso

\cx	Controlar X
\e	Escape
\f	Form feed
\n	Nueva línea
\r	Retorno de carga
\s	Espacio
\t	Tabular
\v	Tabulación vertical

Tuplas:

Una tupla es otro tipo de dato que consiste de una serie de valores separados por coma. Al igual que las cadenas de caracteres, las tuplas también son inmutables y están encerradas entre paréntesis y tiene tipos de datos mixtos. Al igual que las cadenas de caracteres, las tuplas también se pueden cortar. Cuando cortamos una tupla, creará una nueva tupla, pero no cambia a la tupla original. El operador adición (+) se usa para crear una nueva tupla que es una concatenación de más de dos duplas. Usamos el operador * para repetir una tupla.

Código:

```
tuple = ('python', 465, 'language', 70.8)
tuple1 = (458, 'program')

print tuple
print tuple[1]
print tuple[1:2]
print tuple[2: ]
print tuple1 * 2
print tuple + tuple1
```

Salida:

```
('python', 465, 'language', 70.8)
465
(465,)
('language', 70.8)
(458, 'program', 458, 'program')
('python', 465, 'language', 70.8, 458, 'program')
```

Diccionario:

En el lenguaje Python, el tipo de datos de diccionario es como una tabla de hash. Funciona como un arreglo asociativo y asocia similar a Perl. Básicamente, consiste de pares de valores clave. La clave de un diccionario generalmente es un número y una cadena de caracteres pero puede ser cualquier tipo de dato de Python. Los valores pueden un objeto arbitrario de Python.

Código:

```
dictionary = {}
dictionary['one'] = "This is one"
dictionary[2] = "This is two"
dictionary1 = {'name': 'Mark', 'EID' : 4578, 'dept' : 'marketing'}
print dictionary['one']          # Print values for 'one' key
print dictionary[2]              # Print value for key 2
print dictionary1                # Print complete dictionary
print dictionary.keys()          # Print all key
print dictionary.values()        # Print all values
```

Salida:

```
This is one
This is two
{'dept': 'marketing', 'name': 'Mark', 'EID': 4578}
[2, 'one']
['This is two', 'This is one']
```

Números:

El tipo de datos de número se usa para almacenar valores numéricos como 1, 2, etcétera. Se usa cuando los programadores necesitan asignar un valor numérico a la variable. Por ejemplo,

age = 25

height = 6

Del se usa cuando quieres borrar uno o múltiples objetos, por ejemplo,

del age

del age, height

Generalmente, hay cuatro tipos de valores numéricos que puedes usar en python:

- int (entero con signo)
- long (puede representarse en octal y hexadecimal)
- float(valores flotantes puntuales)
- complex

Operador Básico:

Los operadores son símbolos que se usan para llevar a cabo operaciones matemáticas y lógicas. Los operandos son los valores sobre los cuales se aplica el operador mientras se hacen operaciones.

Tipos de operadores:

- Operador de Asignación
- Operador lógico
- Operador aritmético
- Operador relacional
- Operador bitwise
- Operador Identificar
- Operador Membresía

Operador Aritmético:

Símbolo	Nombre del Operador
+	Addition

-	Subtraction
*	Multiplication
/	Division
%	Modulus
**	Exponent
//	Floor Division

Operador Lógico:

Símbolo	Nómbre del Operador
or	Logical OR
and	Logical AND
Not	Logical NOT

Operador de Asignación:

Símbolo	Nombre del Operador
=	Equal
+=	Add AND
-+	Subtract AND
*=	Multiply AND
/=	Division AND
%=	Modulus AND
**=	Exponent AND
//=	Floor Division AND

Operador relacional:

Símbolo	Nombre del operador

==	Double Equal
!= or <>	Not Equal To
>	Greater Than
<	Less Than
<=	Less Than Equal To
>=	Greater Than Equal To

Operador Bitwise:

Símbolo	Nombre del Operador
&	Binary AND
|	Binary OR
^	Binary XOR

~	Binary 1s Complement
<<	Binary Left Shift
>>	Binary Right Shift

Operador Identidad:

Símbolo	Nombre del operador
Is	Is
Is not	Is not

Operador Membresía:

Símbolo	Nombre de Operador
In	In

Not in	Not in

Exercise

1. Explique qué son variables y escriba un código usándola.

Respuesta: las variables son identificadores que guardan un espacio de memoria para almacenar valores. Esto significa que cuando creas cualquier variable, creas un espacio en la memoria.

Código:
```
name = "Mark"
height =6
age = 25

print (name)
print (height)
print (age)
```

Salida:
```
Mark
6
25
```

2. Explique qué son cadenas de caracteres y escriba un código usándola.

Respuesta: una cadena de caracteres es una secuencia de texto y bytes. Una cadena de caracteres empieza con comillas simples o dobles. También puedes usar comillas sencillas dentro dobles y viceversa.

Código:

```
char1 = 'Hello Python'
str1 = "Python Programming"
print ("First value is: " , char1)
print ("Second value is: ", str1)
```

Salida:

```
('First value is: ', 'Hello Python')
('Second value is: ', 'Python Programming')
```

3. ¿Explique qué son operadores y nombre diferentes tipos de operadores?

Respuesta: Los operadores son símbolos que se usan para llevar a cabo operaciones matemáticas y lógicas. Los operandos son los valores sobre los cuales se aplica el operador mientras se hacen operaciones.

Tipos de Operadores:

- Operador de Asignación
- Operador lógico
- Operador aritmético
- Operador relacional
- Operador bitwise
- Operador Identificar
- Operador Membresía

Capitulo 6

Aspectos Matemáticos

Introducción:

La matemática es una de las partes integrales de la programación. Ya sea una operación matemática simple o escribir un complejo algoritmo matemático son software, python siempre está adelante en términos de su velocidad y prácticas de codificación rápida. Los datos matemáticos se toman como los datos objeto en el lenguaje Python. De hecho, los objetos son los bloques de construcción de la programación Python. Estaremos aprendiendo el uso de las funciones matemáticas básicas que son frecuentemente usadas durante la programación Python. Hay muchas bibliotecas populares matemáticas y científicas disponibles, que están integradas o pueden ser importadas a tu código Python para usarse.

Operaciones Matemáticas Básicas:

Además de las operaciones simples como la adición (+), sustracción (-), multiplicación (*), y división (/), hay muchas funciones matemáticas disponibles en Python. Mientras las nuevas versiones de Python están disponibles al público, se añaden más funciones matemáticas al paquete. En la versión 2.7 de Python, hay muchos métodos disponibles en la biblioteca de matemática tales como funciones numéricas teóricas, funciones de potencias y logarítmicas, funciones trigonométricas e hiperbólicas, y algunas funciones especiales.

Código:

```
"""
Program to peform basic arithmatic operation
"""
num1 = int(raw_input("Enter Input 1 :"))
num2 = int(raw_input("Enter Input 2 :"))

print "Addition is %d" % (num1 + num2)
print "Subtraction is %d" % (num1 - num2)
print "Multiplication is %d" % (num1*num2)
print "Division is %d" % (num1/num2)
```

Salida:

```
Enter Input 1 :45
Enter Input 2 :78
Addition is 123
Subtraction is -33
Multiplication is 3510
Division is 0
```

En las siguientes secciones, nos adentraremos más en su uso y prototipo:

1. Funciones numéricas-teóricas (Numeric-theoretic Functions)::

    Este módulo ya viene con una versión integrada de Python 2.7. Es similar a la biblioteca C de matemática. Estas funciones toman uno o dos objetos como datos, pero no toman ningún numero complejo como objeto. Cmath es otra biblioteca de Python, que está disponible para operaciones matemáticas con números complejos.

math.ceil(a): esta función es la misma que la función techo de matemática. Brinda un valor techo de 'a' con tipos de datos flotantes. Es el menor valor entero que es mayor o igual que 'a'

math.floor(a) esta función es la misma función piso de matemática. Brinda un valor de 'a' con un tipo de dato flotante. Es el mayor valor entero que es menor o igual que 'a'.

math.factorial(a): retorna un valor factorial de 'a', dónde 'a' es un dato entero y positivo, de lo contrario, arroja un error.

math.fabs(a): esta función retorna el valor absoluto de

math.copysign(a, b): esta función se usa para cambiar el signo del número. Retorna datos de con el signo de .

Entendamos las funciones anteriores más a fondo con programación Python. En el siguiente programa:

Código:

```
"""
Program to perform math function
"""
import math

a = 1.456

print "Ceil value of a is %d" % math.ceil(a)
print "Floor value of a is %d" % math.floor(a)
print "Absolute value of a is %d" % math.fabs(a)

b = 5
c = -5
print "Factorial of b is %d" % math.factorial(b)
print "Copied Sign value of b is %d" % math.copysign( b, c)
```

Salida:

```
Ceil value of a is 2
Floor value of a is 1
Absolute value of a is 1
Factorial of b is 120
Copied Sign value of b is -5
```

Además de la función anterior, otras pocas funciones están disponibles en Python. Puedes echar un vistazo a la documentación de Python para más.

2. Funciones de Potencias y Logarítmicas:

>Python brinda las siguientes funciones en esta categoría:
>
>math.pow(a,b): esta función regresa a elevada a la potencia de b, dónde ambos objetos de datos deberían tener datos válidos. Para datos inválidos, la función arroja un error.
>
>math.sqrt(a): esta función regresa el valor de la raíz cuadrada de a.
>
>math.log10(a): esta función regresa el valor logarítmico de a, dónde la base del logaritmo es 10.

math.log1p(a): esta función regresa el valor logarítmico natural de a, dónde la base del logaritmo es e (constante)

math.exp(a): esta función regresa el valor exponencial de a

Código:

```python
"""
Program to peform math functions.
"""
import math

a = 10
b = 2
print "Power of a raised to b :%d" % math.pow( a, b)
print "Square root of a :%d" % math.sqrt(a)
print "Logarithmic Value of a(base-10) :%d" % math.log10(a)
print "Logarithmic Value of a(base-e)  :%d" % math.log1p(a)
print "Exponential of a :%d" % math.exp(a)
```

Salida:

```
Power of a raised to b :100
Square root of a :3
Logarithmic Value of a(base-10) :1
Logarithmic Value of a(base-e)  :2
Exponential of a :22026
```

3. Funciones Trigonométricas e Hiperbólicas:: Python tiene todas las funciones trigonométricas e hiperbólicas disponibles en su paquete. Estas funciones regresan valores en unidades

de radianes y funcionan igual que las funciones trigonométricas e hiperbólicas matemáticas.

Trigonométricas:

math.sin(a)

math.cos(a)

math.tan(a)

Hiperbólicas:

math.sinh(a)

math.cosh(a)

math.tan(a)

Código:

```
"""
Program to perform trigonimetric function
"""
import math

a = 10

print "Sine of a :%f" % math.sin(a)
print "Cosine of a :%f" % math.cos(a)
print "Tan of a :%f" % math.tan(a)
print "Hyperbolic Sine of a :%f" % math.sinh(a)
print "Hyperbolic Cosine of a :%f" % math.cosh(a)
print "Hyperbolic Tan of a :%f" % math.tanh(a)
```

Salida:

```
Sine of a :-0.544021
Cosine of a :-0.839072
Tan of a :0.648361
Hyperbolic Sine of a :11013.232875
Hyperbolic Cosine of a :11013.232920
Hyperbolic Tan of a :1.000000
```

4. Funciones especiales:

Además de las funciones matemáticas estándar, Python también brinda funciones matemáticas especiales. Son las siguientes:

math.gamma(a):

Esta función retorna el valor de la función matemática gamma de 'a'.

math.lgamma(a):

Esta función es una combinación de la función logaritmo natural y la función gamma. Primero, encuentra el valor de la función gamma de a, luego regresa el valor del logaritmo natural del valor absoluto del resultado.

math.erf(a):

Esta función regresa el valor de la función error de "a".

math.erfc(a):

Esta función retorna el valor complementario de la función error de "a".

Hasta ahora, hemos discutido las funciones matemáticas básicas.Python también es rico en capacidades matemáticas avanzadas. Su riqueza también atrajo gente de los campos científicos y de investigación. NumPy, SciPy, y Matplotlib son bibliotecas de buen contenido y optimizadas. Todo programador de Python debería estar bien informado con estas bibliotecas para mejorar sus habilidades de programación de Python. Aprenderemos más a profundidad de estas bibliotecas y sus utilidades.

Biblioteca NumPy:

NumPy es la forma corta de Python Numérico (Numeric o Numerical Python en inglés) y fue desarrollada como el proyecto de fuente abierta por Travis Oliphant. La idea clave tras el desarrollo de esta biblioteca era manejar datos multidimensionales (arreglos) en Python. Fue desarrollada al mezclar dos bibliotecas predecesoras, una es la Numérica (Numeric) y la otra es Numarray.

NumPy tiene el poder de procesar arreglos multidimensionales a gran velocidad. Estas son las siguientes operaciones que puedes llevar a cabo usando NumPy.

1. Operaciones matemáticas y lógicas en datos multidimensionales o matrices.
2. Álgebra lineal y generar números aleatorios.
3. Transformadas de Fourier.

Usualmente, esta biblioteca no estará pre-instalada con tu paquete de Python. Tienes que instalarla por separado usando el módulo Pip de Python usando el siguiente comando en la terminal.$ pip install numpy.

Los siguientes métodos y funciones están disponibles en la biblioteca NumPy.

1. Numpy.zeros(a,b,c)

    La función crea un nuevo arreglo con todas las entradas de elementos como cero. Dónde

    'a' es la forma del nuevo arreglo o el tamaño del nuevo arreglo.

'b' es el tipo de dato para los elementos, y es opcional.

'c' es el orden de arreglo y también es opcional.

2. Numpy.ones(a,b,c)

    Esta función crea un nuevo arreglo con todas las entradas de elementos como uno y los objetos de datos son como los de la función cero.

3. Numpy.full(a,b,c,d)

    Esta función retorna un arreglo creado recientemente y brinda forma y valor donde

    'a' es la forma del nuevo arreglo o tamaño del arreglo.

    'b' es el valor a ser llenado en el arreglo.

    'c' es el tipo de dato de los elementos, y es opcional.

'd' es el orden del arreglo, y también es opcional.

Código:

```python
"""
Program to perform numpy function
"""
import numpy

# 1-d array of zeros
arr1 = numpy.zeros(5)
print "arr1 :"
print arr1

# 2-d array of zeros
arr2 = numpy.zeros((3,2))
print "arr2 :"
print arr2


# 1-d array of ones
arr3 =  numpy.ones(3)
print "arr3 :"
print arr3

# 2-d array of ones
arr4 =  numpy.ones((2,3))
print "arr4 :"
print arr4

# array of any scalar value
arr5 = numpy.full(5, 10)
print "arr5 :"
print arr5
```

Salida:

```
arr1 :
[0. 0. 0. 0. 0.]
arr2 :
[[0. 0.]
 [0. 0.]
 [0. 0.]]
arr3 :
[1. 1. 1.]
arr4 :
[[1. 1. 1.]
 [1. 1. 1.]]
arr5 :
[10 10 10 10 10]
```

Biblioteca SciPy:

El nombre de SciPy viene de Scientific Python. Es una extensión de la biblioteca de Python NumPy para mejorar sus capacidades algorítmicas y de procesamiento. Mientras que NumPy brinda métodos para crear datos multidimensionales y su procesamiento en Python, SciPy está un paso adelante. Está hecho específicamente para la implementación de procesos científicos como escribir algoritmos matemáticos de aplicaciones. Debido a ello, Python es un lenguaje perfecto si estás programando para nichos de aplicaciones como científicas, web, y aplicaciones de escritorio.

Para instalar SciPy en tu sistema, necesitas los siguientes comandos en tu ventana Terminal.

$ sudo apt -get install python-scipy

La biblioteca Sci Py está estructurada en varios sub-paquetes y cada sub-paquete es específico para un domino de cálculo particular. Estos sub-paquetes y sus dominos de cálculo son los siguientes:

1. Constants: constantes matemáticas.
2. Fftpack: Funciones de Transformadas de Fourier rápidas.
3. Interpolate: Interpolación de funciones.
4. Cluster: Agrupar funciones de algoritmos.
5. Io: Entrada y salida..

Antes de usar cualquier función de subpaquete en tu programa. Debes importar la biblioteca, por ejemplo:

$ from SciPy import constants, io

Es tiempo de ir más profundo en la biblioteca SciPy, comprenderemos algunas funciones básicas una por una y a programarla rápidamente. Empecemos:

1. Constants: SciPy contiene varios valores constantes que se usan tanto en cálculos matemáticos como científicos. Constantes como c (velocidad de la luz), h (la constante de Plank), e (carga elemental), etcétera.

2. Fftpack: para señalar aplicaciones relacionadas Fftpack es bastamente usado. Hay muchas funciones transformadoras presentes en él.

fft(x[, n, axis, overwrite_x): se usa para generar transformadas de Fourier discretas de cualquier secuencia real o compleja.

Ifft(x[, n, axis, overwrite_x): se usa para generar la transformada de Fourier inversa discreta de cualquier secuencia real o compleja.

fft2(x[, shapes, axis, overwrite_x): se usa para encontrar transformadas de Fourier inversas bidimensionales.

Ifft2(x[, shapes, axis, overwrite_x): se usa para encontrar transformadas de Fourier inversas bidimensionales.

3. Interpolate: en este dominio, las funciones relacionadas a varios métodos de interpolación matemática están disponibles.

Estas funciones y sus descripciones son las siguientes:

Interp1d(x,y[,kind,axis,copy,…]): se usa para la interpolación de una función unidimensional.

KroghInterpolator(xi,yi[,axis]): se usa para la interpolación de un conjunto de datos.

4. Cluster: El agrupamiento (clustering) es uno de los métodos más recientes que puedes usar en teoría de la información, en la compresión de datos, y en la detección de objetivos. Además, el sub-paquete de cluster contiene dos módulos. Uno es vq y el otro es hierarchy (jerarquía). Vq es particularmente usado para cuantificación de vectores y algoritmo K-mean. El

módulo de jerarquía soporta agrupamiento jerárquico.

5. Io: SciPy soporta la lectura desde archivos y escribir a archivos en varios formatos. Puede ser cualquier dato como texto, numérico, o binario. Puedes usar archivos como archivos de Matrix Market, archivos de Matlab, archivos IDL, etcétera.

Código:

```
"""
Program to perform scipy function
"""
import scipy, numpy
from scipy import interpolate

# Constant values
print "Value of e :" + str(scipy.e)

# fftpack
y  = scipy.fft([1.0, 2.0, 3.0, 1.5])
print "Fast Fourier Transform of y :" + str(y)
```

Salida:

```
Value of e :2.71828182846
Fast Fourier Transform of y :[ 7.5+0.j  -2. -0.5j  0.5+0.j  -2. +0.5j]
```

Biblioteca Matplotlib:

Con las capacidades mejoradas de Python usando Numpy y SciPy. Matplotlib es una de las alterativas del software MATLAB para la representación de datos y su análisis. Con la naturaleza de fuente abierta de Python, estas bibliotecas son bien usadas entre científicos de datos e investigadores.

Puedes usar Matplotlib para graficar datos bidimensionales y tridimensionales. También incluye cuadros de error, histogramas y gráficos de barras en sólo unas pocas líneas de códigos. Hace el análisis de datos complicados y complejos bastante fácil.

Ejercicio

1. Realiza la siguiente ecuación matemática:

    a((a + b)/(a-b)) + b + 1

    dónde a = 10 y b = 5

    Código:

    ```
    a = 10
    b = 5
    c = a*((a+b)/(a-b)) + b + 1
    print "Output Value is : %d" %c
    ```

    Salida:

    ```
    Output Value is : 36
    ```

2. Toma un arreglo de entrada del usuario y encuentra su transformación de Fourier rápida.

    Código:

```
import scipy

# input from user
print "Enter an 1-d array :"
inputArray = [int(x) for x in raw_input().split()]

# performing fase-fourier transform on input
output = scipy.fft(inputArray)

# displaying output
print "Fast-Fourier Transform is :" + str(output)
```

Salida:

```
Enter an 1-d array :
1 2 1 4 1 5
Fast-Fourier Transform is :[14. +0.00000000e+00j -0.5+2.59807621e+00j  0.5+2.598
07621e+00j
 -8. +5.77315973e-15j  0.5-2.59807621e+00j -0.5-2.59807621e+00j]
```

3. Grafica la onda del seno usando el programa Python.

Código:

```
"""
Plotting Sine wave
"""
import numpy as np
import matplotlib.pyplot as plot

# range of sine wave
time = np.arange(0, 10, 0.1)

# finding amplitude of sine wave
amp = np.sine(time)

# plotting the sine wave
plot.plot(time, amp)
plot.show()
```

Salida:

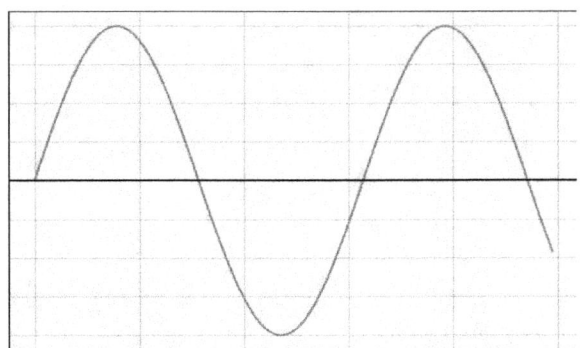

Capitulo 7

Tipos de Datos

En Python, los datos toman los objetos de diferentes tipos de forma- o son objetos integrados brindados por el lenguaje Python o son creados por el programador usando clases de Python o herramientas externas de lenguaje. Los objetos sólo son piezas de memoria usada para almacenar valores y fijar operaciones en esa variable.

Importancia de Tipos Integrados:

En el lenguaje de bajo nivel como C y C++, el mayor esfuerzo del programador es para implementar objetos para representar el componente en el domino de la aplicación. Siendo un buen programador tienes que administrar la asignación de memoria, la estructura de memoria, implementar búsqueda, y la rutina de acceso. Estas faenas son bastante tediosas y siempre te distraen de tu meta de programación.

En el lenguaje Python, la mayoría del trabajo se va mientras no necesites hacer la implementación del objeto antes de que empieces a resolver problemas. La mejor forma siempre es usar objetos integrados en lugar de implementar tu propio objeto.

- Fácil para escribir un programa con la ayuda de Objetos integrados: los objetos integrados te dan una colección de listas y diccionarios gratis, lo cual es muy útil mientras trabajas en cualquier tarea.
- Para el problema complejo, tendrás que escribir tu propio objeto con las clases de Python y las interfaces del lenguaje C, pero es más fácil usar tipos integrados como listas y diccionarios.

- El objeto integrado es más eficiente que los datos de estructura personalizada porque ya está optimizado similarmente a todos los algoritmos de estructura de datos, lo cual se usa en el lenguaje de programación C.

Para algunos lectores, los tipos de objetos son más poderosos mientras programan. Especialmente las Listas y los Diccionarios son los tipos de datos más poderosos, los cuales son bastante útiles en colecciones y para buscar lenguaje de programación de bajo nivel. Las listas brindan una colección ordenada de objetos mientras que el diccionario almacena objetos de acuerdo a los caracteres. Las listas y diccionarios están anidados en la naturaleza y pueden crecer y contraerse de acuerdo a la demanda y también son capaces de contener el objeto de cualquier tipo.

Objetos integrados:

Tipo de Objeto	Ejemplos
Número	146,2.75,3+4j
Cadena de caracteres	'python', "programming"
Listas	[1,[4,'six'],6.8]
Diccionarios	{'python': 'programming'}, dict(day=10)
Tuplas	(1,'python','U')
Conjuntos	Set('xyz')
Archivos	Open('egg.txt')
Tipos de unidad de programa	Función, módulos, y clases
Tipos de relación de implementación	Código compilado, apilar tracebacks
Otros tipos	Booleano, Tipos

principales Booleano, Tipos	

Números:

El objeto de Python también incluye los números y contiene enteros, números de puntos flotantes, números complejos, decimales, números racionales. Soporta operaciones matemáticas. Por ejemplo, el signo más (+) se usa para la adición, el asterisco (*) se usa para la multiplicación, y dos asteriscos (**) para la operación exponencial.

Código:

```
>>> 146 + 485
631
>>> 1.3 * 9
11.700000000000001
>>> 2*16
32
>>>
```

A pesar de la expresión, también puedes usar módulos numéricos, los cuales vienen con módulos de Python. Simplemente son paquetes de Python que puedes importar y añadir a tu programa por facilidad.

<u>Código:</u>

```
>>> import math
>>> math.sqrt(25)
5.0
>>> import random
>>> random.choice([1,2,3,4,5,6])
1
>>>
```

Cadenas:

Las cadenas de caracteres son usualmente usadas para representar tanto información textual como arbitraria. Las cadenas de caracteres soportan una operación que incluye ordenamiento posicional entre ítems. Por ejemplo, si quieres calcular la longitud de una cadena de caracteres que está entre comillas, puedes usar la función integrada len y calcular su longitud.

```
>>> Var = 'Python'
>>> len(Var)
6
>>> Var[2]
't'
>>> 
```

En Python, los índices son codificados como un offset y empieza desde 0: el primer ítem que está de primer lugar en el índice 0, el segundo índice es 1, y así sucesivamente. En Python, puedes también usar el índice de forma regresiva desde el punto final.

Los índices positivos son contados desde el lado de la mano izquierda y los número negativos se cuentan desde el lado derecho.

En el indexado simple posicional, las secuencias también soportan rebanado, puedes extraer una sección entera de la cadena de caracteres en un solo paso.

```
>>> Var = 'Python'
>>> len(Var)
6
>>> Var[-1]
'n'
>>> Var[-2]
'o'
>>> Var
'Python'
>>> Var[1:3]
'yt'
>>> 
```

Hemos visto en ejemplos de cambiar una cadena de caracteres original con alguna operación. Sólo estábamos generando una nueva cadena de caracteres con cada operación porque las cadenas de caracteres son inmutables en Python. No podemos cambiar una cadena de caracteres luego de que son creadas. Por ejemplo, no podemos cambiar una cadena de caracteres por asignarla a una posición particular, pero podemos crear una nueva cadena de caracteres y asignarla a la misma variable porque Python siempre limpia un objeto viejo.

```
>>> Var = 'Python'
>>> len(Var)
6
>>> Var[-1]
'n'
>>> Var[-2]
'o'
>>> Var
'Python'
>>> Var[1:3]
'yt'
>>> Var[0] = 'z'
Traceback (most recent call last):
  File "<stdin>", line 1, in <module>
TypeError: 'str' object does not support item assignment
>>> Var = 'z' + Var[1:]
>>> Var
'zython'
>>>
```

Pero, tienes un método por el cual puedes cambiar una palabra específica en la cadena de caracteres, pero ese método se basa en texto. Puedes cambiar datos basados en texto si los expandes a caracteres individuales y los unes o usas un tipo de arreglo de byte más reciente en una versión más reciente de Python.

```
>>> Var = 'python'
>>> Var1 = list(Var)
>>> Var1
['p', 'y', 't', 'h', 'o', 'n']
>>> Var1[1] = 'z'
>>> ''.join(Var1)
'pzthon'
```

Cada operación de la cadena de caracteres que hemos usado hasta ahora es como una operación en secuencia y puede también usarse en otras secuencias de Python como listas y tuplas.

La operación de búsqueda de cadenas de caracteres es un método básico para buscar una sub- cadena particular en una cadena de caracteres, y el método de reemplazo de cadena de caracteres realiza un reemplazo de sub-cadena en una cadena de caracteres. Por ejemplo,

```
>>> Var = 'python'
>>> Var.find('yt')
1
>>> Var
'python'
>>> Var.replace('py','ze')
'zethon'
```

Aquí, a pesar de que el nombre de tipos de datos de la cadena, estamos creando una nueva cadena de caracteres. No estamos cambiando una cadena de caracteres vieja porque las cadena de caracteres son inmutables.

Hasta ahora, estábamos entendiendo las operaciones específicas en la cadena de caracteres. Pero el lenguaje Python brinda una variedad de métodos para realizar en una cadena de caracteres. Algunos caracteres especiales son representados con una barra invertida. Por ejemplo, x se usa para el final de una línea y se usa para la tabulación.

Puedes representar múltiples cadenas de caracteres literales encerradas entre comillas triples. Las comillas triples se usan cuando quieres concatenar más de una cadena de caracteres. Por ejemplo,

>>>Var = """"python""""programming"""""

El lenguaje Python viene con soporte de Unicode completo, el cual se requiere para procesar texto en caracteres internacionales como Japonés, chino, u otros caracteres que están fuera del conjunto ASCII. Puedes ver conjuntos de caracteres no ASCII en páginas web, correos electrónicos, GUIs, o en cualquier otro lugar. Python tiene soporte integrado par caracteres Unicode, pero la forma varia por línea de Python.

Un punto que vale la pena recordar es que Python soporta procesamiento de texto basado en patrones. La comparación de patrón de texto es una herramienta avanzada de Python para principiantes, pero los lectores que tengan conocimientos de otros lenguajes de escritura conocen la importancia de la comparación de patrones. Este módulo se usa para buscar, separar y reemplazar. Por ejemplo,

Código:

```
>>> import re
>>> match = re.match('Hello[ \t]*(.*)world', 'Hello    Python world')
>>> match.group(1)
'Python '
>>>
```

El ejemplo anterior busca la palabra "Hello" seguida por ceros o más lengüetas o espacios, entonces cualquier carácter es guardado como un grupo terminal coincidente "world". Si encuentras una sub-cadena que coincida con patrones parciales encerrada entre paréntesis, son el grupo disponible.

Hasta ahora, hemos aprendido acerca de los números y las cadenas de caracteres en tipos de datos. Vamos a estudiar ahora las listas, tuplas y diccionarios en el próximo capítulo en detalle.

Ejercicio

1. ¿Qué es un Tipo de datos?

   Respuesta, el tipo de datos en programación especifica qué tipo de valor puede almacenar una variable como un entero, un valor Booleano, una cadena de caracteres, etcétera.

2. Nombre tipos de datos fundamentales presentes en el lenguaje Python.

   Respuesta:
   - Números
   - Booleanos
   - Cadenas de caracteres
   - Tuplas
   - Listas
   - Diccionarios

Capitulo 8

Listas y Tuplas

Hasta ahora, hemos aprendido acerca de diferentes tipos de datos y discutido en detalle de números y cadenas de caracteres, que sólo son dos tipos de datos en el lenguaje Python. Ahora, tenemos que comprender algunos más en detalle, como las Listas y las Tuplas.

Es realmente cómodo tratar con los datos de formato estructurado pues los datos se fijan de una forma específica. Python brinda tipos de datos llamados "listas" y "Tuplas", que se usan para organizar datos de forma estructurada. Las "Listas" y las "Tuplas" son las secuencias integradas más populares del lenguaje Python.

Listas:

Las listas son una colección de tipos de datos más ordenadas y flexibles en Python. A diferencia de las cadenas de caracteres, las listas pueden contener todo tipo de datos tales como números, cadenas de caracteres, e inclusive otras listas también. Las listas son de naturaleza mutable de modo que puedes cambiarlas mientras asignas y cortas.

Propiedades de las Listas:

- Colección de objetos arbitrarios:
  Las listas son la entidad donde puedes colectar otros objetos y tratarlos como un grupo ordenado. Las listas mantienen ítems en un ordenamiento posicional de izquierda a derecha.
- Accedidas por offset:

    Para acceder a un componente, puedes alimentar cualquier componente al indexar las listas. Puedes alimentarlo incluso cuando está fuera de la lista. El indexado del offset del objeto se requiere para alimentar (fetching). Puedes hacer cortes y concatenaciones en lo s ítems porque los ítems están ordenados por su posición.

- Longitud de variable, anidamiento:

    A diferencia de las cadenas de caracteres, las listas pueden crecer o hacerse más pequeñas de acuerdo a la necesidad del programa. Además de eso, las listas pueden contener todo tipo de objetos tales como números, cadenas de caracteres, y otra lista.

- Mutable:

    Puedes cambiar las listas en cualquier lugar y responde a todas las operaciones que se realizan en listas como el cortado, indexado y la concatenación.

Te dará como resultado nuevas listas en lugar de la nueva cadena de caracteres incluso si estás cambiando una.

- Referencia de Objetos:

    Las listas de Python contienen cero o más que referencias cero a los otros objetos. Cada vez que usas una referencia, Python siempre prefiere una referencia a un objeto. Por ejemplo, estás asignando un objeto al componente de estructura de datos y a la variable nombre, entonces Python guardará una referencia para el mismo objeto de nombre. No guardará la referencia a la copia de ese objeto.

Crear Listas:

Cuando quieres hacer una lista, sólo necesitas escribir el número de expresiones en un corchete.

Sintaxis:

lst_1 = [ ]

lst_2 = [expression1, expression2, ..., expression N]

Por ejemplo:

```
list1 = ['script', 'python', 'perl'];
list2 = [1983, 2011];
list3 = [2,4,6, "s", "v", "d"];
```

Acceder valor en Listas:

Las Listas len(L) siempre retornan el número de ítems que están presentes en la lista y L[i] representa los ítems que es un índice i y retorna una nueva lista que contiene objetos entre "i" y "j".

Código:

```
list1 = ['script', 'python', 'perl'];
list2 = [1983, 2011];
list3 = [2,4,6, "s", "v", "d"];

print ("list1[0]", list1[0])
print ("list3[2:4]", list3[2:4])
```

Salida:

```
('list1[0]', 'script')
('list3[2:4]', [6, 's'])
```

Actualización de listas:

Puedes añadir y actualizar uno o múltiples elementos en una lista de una vez.

Código:

```
list1 = ['script', 'python', 'perl'];
print ("Third value in list is: ")
print (list1[2])

list1[2] = 'programming language'

print ("Updated value in the list is: ")
print(list1[2])
```

Salida:

```
Third value in list is:
perl
Updated value in the list is:
programming language
```

Borrar elementos de Listas:

La frase "del" se usa para borrar un elemento de la lista.

Sintaxis

Del list_name[index_val];

La lista soporta muchas operaciones de forma similar a la cadena de caracteres. Las listas también responden a operaciones aritméticas al igual que la lista de caracteres, pero dará como resultado una nueva lista. Por ejemplo, el operador + aceptará el mismo tipo de secuencia en ambos lados. Si no es la misma secuencia, entonces dará un error de escritura durante la compilación.

Código:

```
list1 = ['script', 'python', 1983, 2011];
print list1;
del list1[2];
print "After deleting value at index 2 : "
print list1;
```

Salida:

```
['script', 'python', 1983, 2011]
After deleting value at index 2 :
['script', 'python', 2011]
```

Si quieres concatenar cadenas de caracteres y listas, entonces tienes que convertir las listas en cadenas de caracteres.

Código:

```
>>> str([1,2]) + "83"
'[1, 2]83'
>>> [1,2] + list("83")
[1, 2, '8', '3']
>>>
```

Si quieres revisar toda la secuencia de operación que has hecho en la cadena de caracteres, verás que las listas están respondiendo a toda la secuencia de operación.

Código:

```
>>> l = ['script', 'python', 'perl']
>>> l[2]
'perl'
>>> l[-2]
'python'
>>> l[1:]
['python', 'perl']
```

Indexado y cortado:

En las listas indexar y cortar funciona al igual que en las cadenas de caracteres porque la lista también es una secuencia. El resultado de indexar depende del tipo de objeto, que se especifica por un programador en el offset, mientras que el cortado siempre da una nueva lista.

Código:

```
>>> l = ['script', 'python', 'perl']
>>> l[1] = 'java'
>>> l
['script', 'java', 'perl']
>>> l[0:2] = ['program', 'language']
>>> l
['program', 'language', 'perl']
```

Cambiar lugares en las listas:

Las listas siempre soportan la operación que cambia el lugar del objeto. Python trata con las referencias de objeto. La creación de un nuevo objeto y cambios de lugar siempre importan mientras se trata con una referencia porque puede impactar a más de una referencia.

Mientras usas una lista, puedes cambiar su contenido al asignarla al offset o al corte.

Código:

```
>>> l = ['script', 'python', 'perl']
>>> l.append('java')
>>> l
['script', 'python', 'perl', 'java']
>>> l.sort()
>>> l
['java', 'perl', 'python', 'script']
```

Tanto las asignaciones de indexar como la de cortar modifican la lista mientras se usan. O generará una nueva lista d objetos. El método de soporte de tipo específico de lista de Python ordena. Los métodos son las función, que está asociada y actúa sobre objetos particulares. Brinda herramientas de tipo específico que generalmente están disponibles para listas.

Tupla:

En el lenguaje python, una tupla es un tipo de dato que construye grupos simples de objetos. No puedes cambiar las tuplas de lugar y están escritas como series de ítems en paréntesis, no en corchetes.

Propiedades:

- **Una colección ordenada de objetos arbitrarios:**

    Las tuplas mantienen el orden de izquierda a derecha cuando guardan algún contenido. Es una colección de objetos que están en orden posicional. Las tuplas pueden contener todo tipo de objetos.

- **Acceso por Offset:**

Puede acceder a ítems por offset y soporta todas las operaciones, que sean basadas en offset como indexar y cortar.

- **Inmutable:**

    Al igual que las cadenas de caracteres, las tuplas también son inmutables. Soporta mucha de las mismas operaciones al igual que las cadenas de caracteres y las listas. No soportará ninguna operación de cambio de lugar, lo cual se aplica a las listas.

- **Longitud fijada y anidable:**

    No puedes cambiar el tamaño de una tupla sin enmascarar una copia debido a su propiedad inmutable. Las tuplas pueden soportar cualquier tipo de objeto incluyendo listas, diccionarios, etc. También soporta anidado arbitrario.

- **Referencias de objetos:**

El punto de acceso de almacenamiento de las tuplas a otros objetos y al índice es relativamente rápido.

Crear una Tupla:

Puedes crear una tupla al separar valores con coma, Por ejemplo,

Tup1 = ('python', 'programming');

Tup2 = (1, 2, 3, 4, 5);

Acceder valores en Tuplas:

Puedes acceder al valor usando corchetes para cortar junto con un índice para obtener el valor.

Código:

```
tup1 = ('script', 'python', 'perl');
tup2 = (1983, 2011);
tup3 = (2,4,6,8,10,12,14,16);
print ("tup1[0]", tup1[0])
print ("tup3[2:4]", tup3[2:4])
```

Salida:

```
('tup1[0]', 'script')
('tup3[2:4]', (6, 8))
```

Actualizar Tuplas:

Las Tuplas son de naturaleza inmutable, de modo que no puedes actualizar los valores de las tuplas. Pero puedes crear una nueva tupla a partir de una existente y hacer cambios a la nueva tuple

Código:

```
tup1 = (1, 2, 3);
tup2 = ('abc', 'def');
tup3 = tup1 + tup2
print (tup3)
```

Salida:

```
(1, 2, 3, 'abc', 'def')
```

Borrar Tupla:

Puedes borrar una tupla usando la frase "del".

Código:

```
tup1 = (1, 2, 3);
tup2 = ('abc', 'def');
tup3 = tup1 + tup2

del tup3;
print (tup3)
```

Salida:

```
Traceback (most recent call last):
  File "edit_tuple.py", line 6, in <module>
    print (tup3)
NameError: name 'tup3' is not defined
```

Operaciones básicas de Tuplas:

Puedes usar operaciones aritméticas como + y * en la tupla. También soporta concatenación y repetición similar a la cadena de caracteres y como resultado dará una nueva tupla.

Expresión	Resultado	Descripción
Len((0, 1, 2, 3, 4))	5	Longitud
(1, 2, 3) + (4, 5 ,6)	(1, 2, 3, 4, 5, 6)	Concatenación

('Python',)*2	('Python', ' Python)	Repetición
4 in (0, 1, 2)	Falso	Membresía

Indexado y cortado:

Puedes operar el indexado y cortado de forma similar a una cadena de caracteres debido a su conjunto ordenado de elementos.

Var = ('python', 'python', 'python language')

Expresión	Resultado
Var[3]	'python language'
Var[-3]	'python'
Var[1:]	['python', 'python language']

Si quieres comprar elementos de dos tuplas, entonces puedes usar 'cmp'.

Sintaxis:

Cmp(tuple_1, tuple_2)

Descripción

tuple_1 = primera tupla a comparar

tuple_2 = segunda tuple a comprar.

Si estás comparando elementos del mismo tipo, te dará un resultado directo, pero si estás comparando diferentes tipos de elementos, entonces tienes que hacer un chequeo cruzado de si es numérico o no. Si es un número, entonces primero realiza la coerción numérica y luego compáralos. Si son una cadena de caracteres entonces estarán ordenados alfabéticamente.

Código:

```
tup1 ,tup2 = (123, 'abc'), (456, 'xyz')
print cmp(tup1, tup2);
print cmp(tup2, tup1);
tup3 = tup2 + (789,);
print cmp(tup2, tup3)
```

Salida:

```
-1
1
-1
```

Si deseas encontrar la longitud de la tupla, puedes usar "len()".Regresará el número de elementos en la tupla.

Sintaxis:

> len(tuple)

Descripción   Tuple = tuple en la que quieres contar elementos.

Código:

```
tup1, tup2 = (123, 'abc', 'pqrs'),(456, 'xyz')
print "first tuple length : ", len(tup1);
print "Second tuple length: ", len(tup2);
```

Salida:

```
first tuple length :  3
Second tuple length:  2
```

Ejercicio

1. Explique qué son Listas al usar programa Python.

Respuesta: las listas son la colección ordenada de tipos de datos más flexible en Python. A diferencia de las cadenas de caracteres, las listan contienen todo tipo de datos como números, cadenas de caracteres, o inclusive otras listas también. Las listas son de naturaleza mutable, de modo que puedes cambiarlas mientras asignas y cortas.

Código:

```
list1 = ['script', 'python', 'perl'];
list2 = [1983, 2011];
list3 = [2,4,6, "s", "v", "d"];
```

2. Explique qué son Tuplas al usar el programa Python.

Respuesta: en el lenguaje Python, una tupla es un tipo de dato que construye agrupaciones simples de objetos. No puedes cambiar las tuplas de lugar pues son escritas como una serie de ítems en paréntesis, no en corchetes.

Código:

```
tup1 = ('script', 'python', 'perl');
tup2 = (1983, 2011);
tup3 = (2,4,6,8,10,12,14,16);
print ("tup1[0]", tup1[0])
print ("tup3[2:4]", tup3[2:4])
```

Capitulo 9

Diccionarios

Luego de las cadenas de caracteres, listas, tuplas y números, los diccionarios son un tipo de datos populares usados en el lenguaje de programación Python. Es el último tipo de datos a entender en este material. Los diccionarios son completamente distintos al resto de los tipos de datos. No son una secuencia para nada, pero aun así, se conocen como mapeo.

El mapeo también se considera una colección de otros objetos, pero los almacena como caracteres en lugar de su posición como una tupla. El mapeo no sigue ningún orden de izquierda a derecha como una tupla, directamente mapea las claves a valores asociados.

Propiedades:

- **Acceso por claves:** los diccionarios asocian una clave, de modo que puedes alimentar un ítem usando las claves del diccionario. La operación de indexado es igual que en una lista para obtener un componente, pero la diferencia entre ellos es que toma la forma de claves y no usa un offset relativo.

- **Colección de objetos desordenados:** los ítems almacenados en los diccionarios no están en orden, a diferencia de una lista. Las claves brindan una ubicación a los ítems en un diccionario, pero sólo brinda una ubicación simbólica. No brinda una ubicación física tampoco.

- **Longitud de la variable y anidado:** los diccionarios pueden contener cualquier tipo de objetos y soportan anidado a cualquier profundidad también. Puede haber sólo una clave clave por valor de clave, pero si es necesario, el valor puede ser una colección de objetos múltiples, y un valor dado puede almacenarse bajo cualquier número de clave. Los diccionarios pueden crecer y hacerse más pequeños sin copias nuevas.

- **Mutable:** los diccionarios pueden ser modificados al asignar un valor a los índices, pero no soporta operaciones de secuencia a diferencia de la cadena de caracteres y las listas porque los diccionarios son una colección desordenada.

- **Referencias de objetos:** los diccionarios son una tabla desordenada de referencias de objeto que soportan acceso por claves. Se implementa de forma similar a un algoritmo de tabla hash para encontrar las claves- ayuda a retirar los datos rápidamente. Al igual que las listas, los diccionarios también almacenan referencias de objetos.

Uso de los Diccionarios:

Puedes usar un objeto arbitrario tal como el objeto estándar de un objeto definido por el usuario en valores de diccionario. Sus valores no tienen ninguna restricción al usar objetos de Python, pero no puedes usar todos los objetos de Python con las claves.

Hay algunos puntos que tienes que recordar acerca de las claves del diccionario:

- No puedes hacer más de una entrada por clave. Esto significa que no puedes duplicar una clave. Si se encuentran claves duplicadas durante la asignación, toma la última asignación en consideración.
- La clave debería ser inmutable, lo que significa que puedes usar una cadena de caracteres,

tuplas, etc, como claves de diccionario, pero no puedes usar "clave".

Acceder valores en diccionarios:

Si deseas acceder a elementos en el diccionario, puedes usar el corchete con la clave.

Código:

```
dict = {'Name' : 'Smith', 'Age' : 25}
print (dict['Name'])
print (dict['Age'])
```

Salida:

```
Smith
25
```

Si estás intentando acceder a elementos que no están presentes en el diccionario, entonces te mostrará un error.

Código:

```
dict = {'Name' : 'Smith', 'Age' : 25, 'Class' : 'Seven'};
print "dict['Mark']: ", dict['Mark'];
```

Salida:

```
dict['Mark']:
Traceback (most recent call last):
  File "access_dict.py", line 2, in <module>
    print "dict['Mark']: ", dict['Mark'];
KeyError: 'Mark'
```

Actualizar un Diccionario:

Puedes actualizar un diccionario al añadir una nueva entrada, o puedes modificar o borrar una entrada existente.

Código:

```
dict = {'Name': 'Smith', 'Age': 10, 'Class': 'Seven'};
dict['Age'] = 14; # update existing entry
dict['School'] = "DPS School"; # Add new entry
print "dict['Age']: ", dict['Age'];
print "dict['School']: ", dict['School'];
```

Salida:

```
dict['Age']:  14
dict['School']:  DPS School
```

Borrar un elemento de diccionario:

El diccionario te da una opción de borrar elementos individuales en el diccionario o borrar el contenido entero, que está presente en el diccionario, o puedes borrar el diccionario entero en una sola operación.

Puedes usar el comando "del" para remover el diccionario entero.

Código:

```
dict = {'Name': 'Smith', 'Age': 10, 'Class': 'Seven'};
del dict['Name']; # remove entry with key 'Name'
dict.clear(); # remove all entries in dict
del dict ; # delete entire dictionary
print "dict['Age']: ", dict['Age'];
print "dict['School']: ", dict['School'];
```

Salida:

```
dict['Age']:
Traceback (most recent call last):
  File "delete_dict.py", line 5, in <module>
    print "dict['Age']: ", dict['Age'];
TypeError: 'type' object has no attribute ' getitem '
```

Funciones del Diccionario:

1. cmp(dictionary1, dictionary2)
2. len(dictionary)
3. str(dictionary)
4. type(variable)

cmp(dictionary1,dictionary2):

este método se usa para comparar elementos de ambos diccionarios. Compara ambos diccionarios de acuerdo a la clave y a los valores.

Sintaxis:

cmp(dictionary1, dictionary2)

Parámetros:

Dictionary1 = primer diccionario a ser comparado con dictionary2.

Dictionary2 = Segundo diccionario a ser comparado con dictionary1.

Código:

```
dict1 = {'Name': 'Zara', 'Age': 7};
dict2 = {'Name': 'Smith', 'Age': 27};
dict3 = {'Name': 'Mark', 'Age': 25};
dict4 = {'Name': 'Adam', 'Age': 10};
print "Return Value : %d" % cmp (dict1, dict2)
print "Return Value : %d" % cmp (dict2, dict3)
print "Return Value : %d" % cmp (dict1, dict4)
```

Salida:

```
Return Value : -1
Return Value : 1
Return Value : -1
```

Retornará 0 si ambos diccionarios son iguales en comparación

Si el dictionary1 es mayor que el dictionary2, entonces retornará 1.

Si dictonary2 es mayor que dictonary1, entonces retornará -1.**len(dictionary):**

este método da la longitud del diccionario. Cuenta el número de ítems y da el resultado como una longitud del diccionario.

Sintaxis:

    len(dictionary)

Parámetros:

    Dictionary: Dictionary's length you need to calculate.

Código:

```
dict = {'Name': 'Smith', 'Age': 10};
print "Length : %d" % len (dict)
```

Salida:

```
Length : 2
```

str(dictionary):

Este método se usa para producir una cadena de caracteres imprimible que puede representar al diccionario.

Sintaxis:

    str(dictionary)

Parámetros:

    Dictionary: It is a dictionary.

Retornará una representación en cadena de caracteres.

Código:

```
dict = {'Name': 'Smith', 'Age': 10};
print "Equivalent String : %s" % str (dict)
```

Salida:

```
Equivalent String : {'Age': 10, 'Name': 'Smith'}
```

Tipo (diccionario):

este método se usa para retornar el tipo de variable que estás pasando. Si la variable pasada es el diccionario entonces su tipo de retorno es un diccionario.

Sintaxis

    type(dictionary)

Parámetros:

    Dictionary: It is a dictionary.

Retorna el tipo de variable que estás pasando al diccionario.

Código:

```
dict = {'Name': 'Smith', 'Age': 10};
print "Variable Type : %s" %type (dict)
```

Salida:

```
Variable Type : <type 'dict'>
```

Ordenando claves:

Los diccionarios no están en secuencia, no mantienen ningún orden de izquierda a derecha, de modo que cuando los imprimes, puede venir con un orden diferente. Si quieres que todos los ítems del diccionario estén en un orden apropiado, puedes usar el método de clave de diccionario para obtener la lista de claves, ordenarlas por el método de ordenamiento, luego iterar por medio de los resultados en Python para los bucles. El orden solicitado retorna el resultado y ordena los varios tipos de objetos ordenados automáticamente en el caso de la clave del diccionario..

Ejercicio

1. ¿Qué es el Mapeo?

Respuesta: el mapeo se considera una colección de otros objetos, pero los almacena con claves en lugar de su posición. El mapeo no sigue ningún orden de izquierda a derecha como una tupla, directamente mapeo claves a los valores asociados.

2. ¿Por qué necesitamos un Diccionario?

Respuesta: puedes usar un objeto arbitrario tal como el objeto estándar o un objeto definido por el usuario en valores de diccionario. Sus valores no tienen ninguna restricción al usar objetos de Python. Pero, no puedes usar todos los objetos de Python con las claves.

Hay algunos puntos que tienes que recordar acerca de las claves de diccionarios:

- No puedes hacer más de una entrada por clave. Esto significa que no puedes duplicar la clave. Si se han encontrado claves duplicadas durante la asignación, entonces toma la última asignación en consideración.

- Las claves deberían ser inmutables, lo que significa que puedes usar una cadena de caracteres, tuplas, etc, como claves de diccionario, pero no puedes usar "key".

Capitulo 10

Frases de Control

Introducción:

La ejecución del lenguaje Python es secuencial por naturaleza, pero en algunos casos, tienes que cambiar la secuencia de ejecución de tu programa en base al requerimiento del problema. A veces, incluso tienes que revisar algunas condiciones, y basándose en que se cumplan dichas condiciones, los comandos deben ejecutarse. Para llenar este requerimiento, Python brinda características como ejecución condicional, ejecución iterativa y saltos en el programa. Especifican la transferencia de control de una línea a otra.

Para las frases de ejecución condicional, Python brinda:

1. If-else
2. Switch-case

Para ejecución iterativa del código, Python brinda::

1. Bucle while
2. Bucle for
3. Bucle anidado

Para saltos en el programa, Python tiene ricas características para romper y continuar. Discutiremos todas ellas en detalle:

If-else :

Esta es el rasgo más común y poderoso para implementar la ejecución condicional del comando en Python. Es bidireccional por naturaleza. La sintaxis es la siguiente:

If expression:

    Statement1

Else:

Statement2

En la sintaxis anterior, el intérprete de Python evalúa la expresión, también llamada condición if. Si la expresión resulta en verdadero (sin ceros) entonces se ejecuta Statement1. De lo contrario, la ejecución de statement2 toma lugar. El siguiente diagrama de flujo es útil para entender mejor su naturaleza bidireccional:

Diagrama de flujo

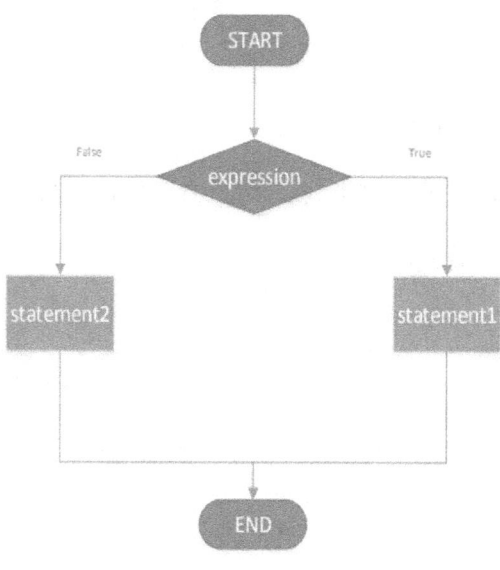

Código

```
"""
Program to check Even and Odd number
"""
num = int(raw_input("Enter a Number :"))
if (num%2==0):
        print "Number is Even"
else:
        print "Number is Odd"
```

Salida

```
Enter a Number :5
Number is Odd
```

También es posible mantener múltiples comandos con if-else para ejecutar. Requiere poner la misma sangría. Bloques de comandos con la misma sangría también se llaman compuesto de comandos. La sintaxis de compuestos de comandos es la siguiente:

If expression:

    Statement1

    Statement2

Else:

    Statement3

    Statement4

Diagrama de flujo

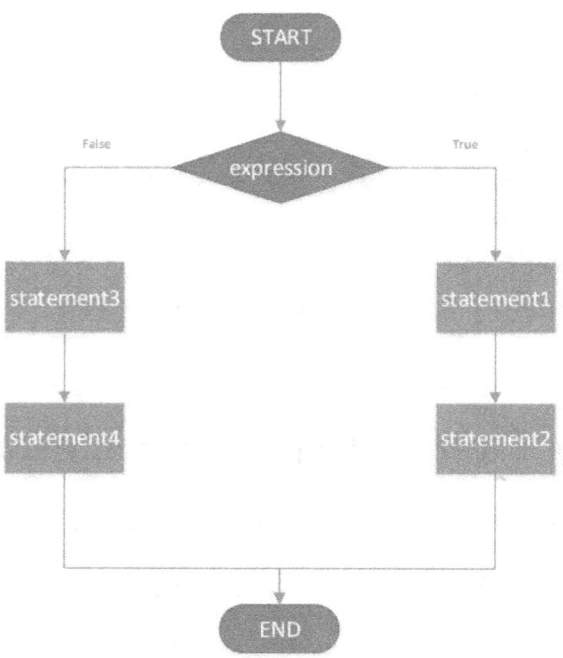

Código

```
"""
Program to test Even and Odd number and display it
"""
num = int(raw_input("Enter a Number :"))
if (num%2 == 0):
        print "Entered number is " + str(num)
        print "Number is Even"
else:
        print "Entered number is " + str(num)
        print "Number is Odd"
```

Salida

```
Enter a Number :45
Entered number is 45
Number is Odd
```

La parte de else de la sintaxis no es compulsoria. Puedes saltarla, de acuerdo a la necesidad. La sintaxis y el diagrama de flujo son los siguientes:

If expression

    statement1

Diagrama de flujo 3

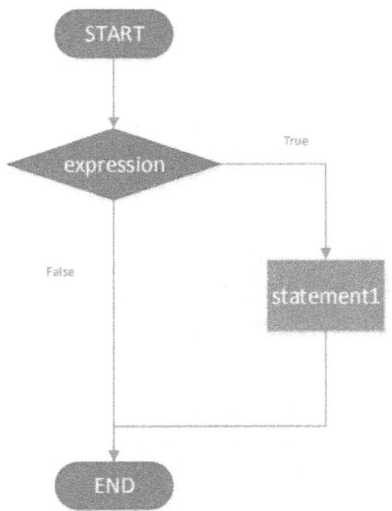

Código

```
"""
Program to test even number
"""
num = int(raw_input("Enter a Number :"))
if (num%2 == 0):
        print "Entered number is " + str(num)
        print "Number is Even"
```

Salida

```
Enter a Number :78
Entered number is 78
Number is Even
```

If- else anidado:

El lenguaje de programación Python también permite el anidado de if-else dónde un comando if-else puede usarse dentro del cuerpo de otro if-else de la siguiente forma:

If expression1:

    If expression2:

        Statement1

    Else

        Statement2

Else

    If expression3:

        Statement3

    Else:

        Statement4

Diagrama de fllujo

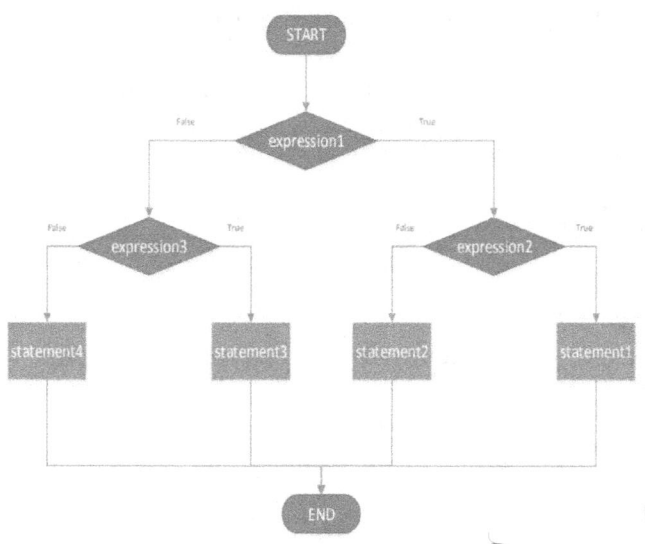

Código

```
"""
Program to find the input range of number
"""
num = int(raw_input("Enter a Number(between 0 to 200):"))
if (num < 100):
        if (num > 50):
                print "Entered number is between 50 and 100"
        else:
                print "Entered number is between 0 and 50"
else:
        if (num > 150):
                print "Entered number is between 150 and 200"
        else:
                print "Entered number is between 100 and 150"
```

Salida

```
Enter a Number(between 0 to 200):100
Entered number is between 100 and 150
```

Else-if Ladder:

El else-if ladder es un tipo de comando tomador de decisiones de múltiples formas en Python. Hay un comando if-else por cada arte else del comando if y la sintaxis es la siguiente:

If expresion1:

    Statement1

Elif expression2:

    Statement2

Elif expression3:

    Statement3

Else:

    Statement4

En el else-if ladder, el intérprete de Python evalúa cada condición secuencialmente una por una, y cuando la resuelve en verdadero, ejecuta el comando correspondiente y luego los controles salen sin revisar la condición restante.

Diagrama de Flujo

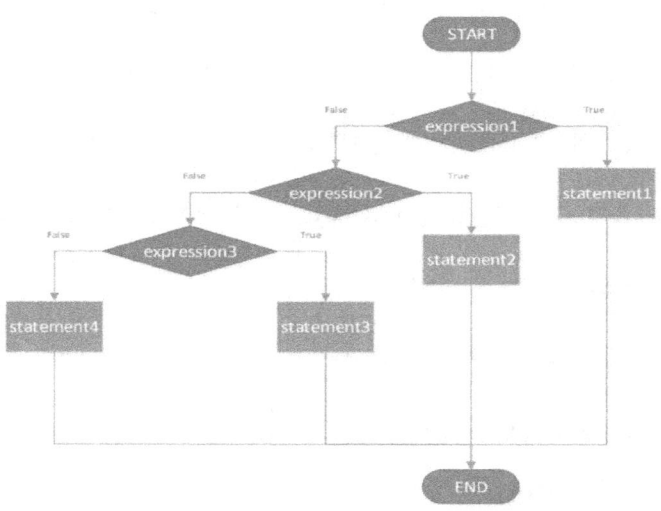

Código:

```
"""
Program to test number range
"""
num = int(raw_input("Enter a Number(between 0 to 100):"))
if (num < 25):
        print "Number is between 0 to 25"
elif (num < 50):
        print "Number is between 25 to 50"
elif (num < 75):
        print "Number is between 50 to 75"
else:
        print "Number is between 75 to 100"
```

Salida

```
Enter a Number(between 0 to 100):50
Number is between 50 to 75
```

Bucles:

En cualquier lenguaje de programación, los bucles se usan cuando queremos ejecutar una parte del programa múltiples veces. Siempre es fácil optimizar el programa usando bucles. Por ejemplo, si quieres imprimir una cadena de caracteres que diga "Bienvenido a Python" diez veces en la salida de la cadena de caracteres, en lugar de escribir el comando de imprimir diez veces puedes usar uno de los bucles (while o for) para implementarlo. Todo bucle en el lenguaje Python requiere una contra variable, una revisión de condición, y un incremento o decremento de la operación.

La contra variable mantiene el rastro del número de veces que se ha ejecutado el bucle. El incremento y decremento de la operación se implementa en la contra variable, y se requiere revisión de condición para la terminación del bucle.

Cada bucle tiene sus propios requerimientos y significancia durante la programación. Vamos a entenderlos en detalle::

Bucle While:

La sintaxis del bucle while es la siguiente:

While expression:
    Statement1
    Statement2

En la sintaxis anterior, la expresión es evaluada por el intérprete primero, y la resuelve en cierto, luego el cuerpo del bucle while (compuesto de comandos) se ejecuta. De otra forma, sale del bucle. Luego de la ejecución del cuerpo de nuevo, evalúa la expresión y ejecuta el cuerpo. El cuerpo del bucle ejecutará la expresión en los resultados en falso. Este proceso puede ser entendido mejor en el diagrama de flujo siguiente.

Diagrama de flujo

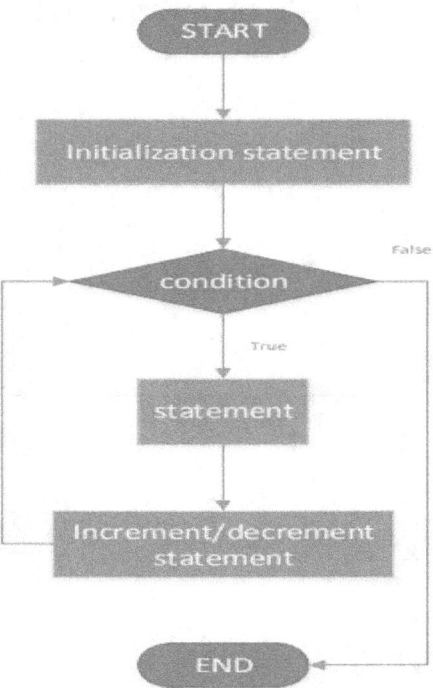

En la programación, puedes usar el siguiente tipo de convención para un codificado más productivo.

Frase de iniciación.
While condition:

Statement

Increment/decrement statement

Obtendrás una idea clara de la convención anterior con el siguiente reto de programación.

Código

```
"""
Program to print 1 to 10 using while-loop
"""
i = 1
while (i <= 10):
        print i
        i = i + 1
```

Salida:

```
1
2
3
4
5
6
7
8
9
10
```

Bucle For:

El bucle for es frecuentemente usado entre todos los bucles debido a su sintaxis fácil, que es la siguiente:

For counterVar in sequence:
    Statements

La sintaxis comprende la variable counterVar y una secuencia. La secuencia podría ser bien una lista, tupla, cadena de caracteres o cualquier colección de datos. Si estás tratando con secuenciación de datos en Python, el bucle for es definitivamente una opción factible.

Durante la ejecución del bucle for, el primer elemento en la secuencia se asigna a la counterVar y se ejecutan las frases del cuerpo, luego el siguiente elemento se asigna a la counterVar y las frases se ejecutan en un bucle hasta que todos los elementos de la secuencia se acaban. La secuencia en el bucle podría ser cualquier lista, cadena de caracteres o colección de elementos de datos.

Diagrama de flujo

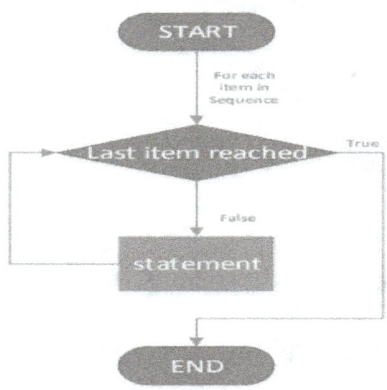

Cuando tienes que iterar a través de la secuencia, hay dos formas en las que puedes iterar usando el bucle for. Vamos a entenderlas en breve:

1. Iterar usando expresión de secuencia:
   En este tipo de bucle for, el programador usa la siguiente sintaxis para iterar en el bucle for.
   For elements in Sequence:

Statements

Código

```
"""
Program to print list elements using for-loop
"""
list = ["python","programming","is","fun"]

for list_element in list:
        print list_element
```

Salida

```
python
programming
is
fun
```

2. Iterar usando índice de secuencia:

   En este tipo de bucle for, el programador usa la siguiente sintaxis para iterar en el bucle for.

   For index in range (len(Sequence)):
          Statements

   ### **Código**

```
"""
Program to print list elements using for-loop
"""
list = ["python","programming","is","fun"]

for index in range(len(list)):
        print list[index]
```

Salida

```
python
programming
is
fun
```

El anidado de bucles también es posible al usar un bucle dentro del cuerpo de otro bucle. La aplicación de bucles anidados puede ser en el arreglo de secuencia y para manejar grandes datos..

Bucle infinito:

Los bucles que ejecutan su cuerpo infinitas veces se conocen como bucles infinitos. Puedes implementar este tipo de bucles deliberadamente o por error, que hace que tu programa se ejecute continuamente. Para implementar un bucle infinito, puedes usar la siguiente aproximación:

While True:
    Statement

La terminación de un bucle infinito puede controlarse usando las frases break y goto dentro del cuerpo del bucle. Estas frases se explican en temas futuros en este capítulo.

Frases Continue y Break:

Las frases de Continue y Break (continuar y romper) son muy útiles y se usan frecuentemente en bucles. La sintaxis para continue es simple:

Continue

La frase Continue se usa para saltar la ejecución de frases del bucle dentro del cuerpo del bucle y para transferir el control al inicio de la iteración del siguiente bucle. Se usa con la condición if (si) generalmente. Vamos a entender su caso de uso con un reto de programación.

Código

```
"""
Program to skip numbers using 6 to 10 using continue statement
"""
i = 0
while i<10:
    i = i + 1
    if i == 5:
        continue
    print i
```

Salida:

```
1
2
3
4
6
7
8
9
10
```

La frase break es similar a la de continue, pero cuando se usa dentro del bucle, termina el bucle y el control se transfiere a la siguiente frase luego del bucle. Vamos a entenderlo con el siguiente programa.

Código

```
"""
Program to stop while-loop using break statement
"""
i = 0
while (i<10):
        i = i + 1
        if (i > 5):
                break
        print i
```

Salida

```
1
2
3
4
5
```

Ejercicio

1. ¿Cuál es la importancia de los bucles en programación?

   Respuesta: Definir un bucle en tu código le permite a la computadora realizar repetidamente ciertas tareas. Dependiendo de la tarea a realizarse, el bucle debe definirse en el programa de computadora para una variedad de razones. El lenguaje de programación de la computadora debe ser iniciado de modo que el código ejecute acciones tantas veces como se necesite.

2. Nombre diferentes tipos de bucles disponibles en Python.

   Respuesta:

- Bucle for
- Bucle While
- Bucle infinito usando bucle for y while.

Capitulo 11

Funciones y Módulos

Introducción:

A lo largo de los capítulos anteriores, hemos discutido las diferencias características del intérprete Python que te ayudarán a crear tu programa Pyhton. Es tiempo de movernos a aproximaciones de diseño para tus programas y sin un entendimiento de las funciones y módulos, sería imposible crear un programa diseñado apropiadamente. Las funciones y módulos te dan la libertad de cortar tu programa en pequeñas partes e implementarlo con una filosofía fácil de diseñar.

Funciones y sus Usos:

En palabras simples, una función es un grupo colectivo de frases de Python. La ideología detrás del uso de funciones es reusar el código. Cada vez que llegas a una situación dónde quieres ejecutar un grupo de frases más de una vez, entonces tienes que crear una función. Esta es una práctica de programación para escribir una función y llamarla con su nombre todo el tiempo. También puedes percibir funciones mientras se ejecutan independientemente en una sección de programación, que puedes usar múltiples veces.

Las funciones son como dispositivos que tienen la capacidad de tomar parámetros de entrada y brindar una salida. La salida de la función pueden ser ya sean datos u operaciones en el parámetro introducido.

Antes de que nos involucremos en la sintaxis y la programación con funciones, entendamos mejor el caso de uso de las funciones. Las funciones generalmente están dando una estructura a tu programa Python. A veces también se llama procedimientos y sub-rutinas en otros lenguajes de programación. Principalmente, existen las siguientes filosofías para el uso de funciones en cualquier programa python:

1. Máxima reutilización de Código y Mínima programación redundante:

    Es similar a cualquier otro lenguaje de programación. Las funciones son la forma más fácil de empacar tu lógica Python, sólo tienes que escribir tu código una vez en el cuerpo de la función, y luego puedes usarlo múltiples veces en tu programa. También minimiza las frases redundantes.

2. Programación Bien estructurada:

    La función te da una herramienta para dividir tu gran tarea de programación en múltiples procedimientos bien definidos y te permite tener un programa bien estructurado por lo mismo. Consideremos un escenario de programación dónde quieres calcular el salario promedio del empleado en alguna organización. Puedes dividir la tarea en procedimientos como tomar la entrada de los datos de los empleados, calcular un promedio, y mostrar el valor promedio. La función puede escribirse para cada uno de los procedimientos y llamarlas para tener un programa bien estructurado.

Sintaxis de Función:

En programación Python, la sintaxis general de escribir una función es la siguiente:

```
def functionName( arg1, arg2 …. argN):
    Statements
```

Return val

Def se considera el encabezado de la función, que genera un objeto de función y asigna un nombre de función a ella. En los corchetes, los múltiples parámetros de entrada de la función son representados con arg1,arg2 ….argN. Estos argumentos son opcionales, cuando la función no toma ningún parámetro de entrada, los corchetes se mantienen vacíos. Luego de los dos puntos, se escribe el cuerpo de la función con múltiples frases dónde la lógica funcional es implementada. La frase de return torna el valor val al solicitante en el programa. Puede aparecer en cualquier lugar dentro del cuerpo de la función y usualmente está presente al final de la función. Si val no se específica, entonces la función retorna None (ninguno) como el valor de retorno. Tanto las frases de val como la de return son opcionales.

Entremos en la programación Python para obtener más uso del caso de las funciones y su implementación:

Código

```
"""
Program to add two numbers using a function
"""
def main():
        num1 = 10
        num2 = 20
        num3 = add( num1, num2)
        print "Addition is :" + str(num3)

def add( a, b):
        c = a + b
        return c

if __name__ == "__main__":
        main()
```

Salida

```
Addition is :30
```

Código

```
"""
Program to test even odd using function
"""
def main():
        input_num = int(raw_input("Enter a Number :"))
        evenOdd(input_num)

def evenOdd(num):
        if (num%2 == 0):
                print "Number is Even"
        else:
                print "Number is Odd"
        return
if __name__ == "__main__":
        main()
```

Salida:

```
Enter a Number :45
Number is Odd
```

Módulos y sus Usos:

Los módulos son los programas de mayor nivel que organizan las unidades de programación. Contiene paquetes que tienen código Python, datos reutilizables, y nombres de espacio, lo que reduce el choque de variables en tu programa Python. En una forma simple, los módulos pueden ser considerados como los archivos de programa. Y cada archivo al que se refiere se llama Módulo.

Los módulos generalmente son procesados al usar las frases de import (importar) y from (desde). Entendamos estas frases antes de involucrarnos más profundamente en los módulos:

1. Import:

    Te permite cargar un módulo completo como un todo en tu programa Python.

2. From:

    Te permite cargar nombres específicos desde cualquier módulo en tu programa Python.

Como cualquier módulo particular está siendo cargado dentro de tu programa Python, te permite usar todos los códigos de programa auto-contenidos desde los módulos. Debido al uso de los módulos dentro de la programación Python, te brinda una mejor imagen con el uso de módulos existentes sin ningún conflicto entre los atributos y métodos.

Hay muchos usos de los módulos, vamos a entenderlos en un resumen:

1. Code-reuse (Reutilización de código):
   Cuando estás cargando cualquiera de los módulos en tu Python usando la frase de importación (import), puedes usar todos los métodos y funciones presentes en el módulo particular. Luego de importar, puede ser referenciado múltiples veces para reducir las líneas de código. Los módulos siempre ayudan a visualizar una imagen más grande del programa. A menos que estés usando el intérprete Python, puedes importar módulos simplemente usando su nombre.
2. Separar nombres de espacio (namespaces):
   Puesto que los módulos son un código de programa auto-contenido, siendo un

programador, sus parámetros están aislados de tu código Python principal. Te ayuda a escribir tu código Python de una forma bien organizada, manteniendo una organización de máximo nivel en mente.

Cada vez que estás trabajando con programación Python, tienes que importar y enlazar bibliotecas con tu programa principal de máximo nivel. Las bibliotecas están presentes dentro de los archivos del módulo, que actúan como una herramienta para realizar tareas de programación.

Entendamos el concepto de módulos y su uso con ejemplos de programación. A continuación se presentan archivos con su código Python:

Def display(text):
#displayModule.py

Print text

Import displayModule   # mainScript.py

displayModule.display("Hello, World!!") # prints "Hello, World!!"

En el ejemplo anterior, "mainScript.py" es un archivo de máximo nivel que contiene el texto. La ejecución del archivo de máximo nivel ocurre de arriba hacia abajo. Y "displayModule.py" son archivos de módulos que contiene frases def y asignan objetos de función al nombre "display". Dentro del cuerpo de la función, la frase print (imprimir) está presente y muestra el parámetro introducido en la pantalla de salida.

Los archivos de máximo nivel incluyen una frase de importación (import) que carga los módulos al archivo principal. Luego de alimentar los módulos, puede referenciarse usando los atributos de él.

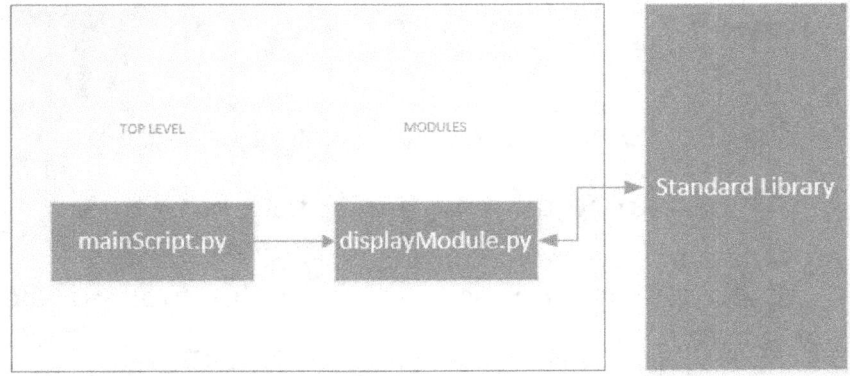

Ejercicio

1. ¿Qué es una función y escriba usos de un función en un lenguaje de programación?

   Respuesta: en palabras sencillas, una función es un grupo colectivo de frases de Python. La ideología tras el uso de funciones es reutilizar el código. Cada vez que llegas a una situación en la que quieres ejecutar un grupo de frases más de una vez, entonces tienes que crear una función. Es una práctica de programación escribir una función y llamarla todo el tiempo con su nombre. Puedes también entender las funciones como la sección de programación que se ejecuta independientemente, que puedes usar múltiples veces.

Las funciones son como dispositivos que tienen la capacidad de introducir parámetros y brindar una salida. La salida de la función puede ser bien sea un dato o una operación en el parámetro introducido.

2. ¿Qué son módulos y sus usos?

Respuesta: los módulos son programas de máximo nivel que organizan unidades de programación. Contiene paquetes que tiene código Python, datos reutilizables, y nombres de espacios que reducen el choque de variables en tu programa Python. De forma simple, los módulos pueden ser considerados como los archivos de programa, y cada archivo, al que se refiere se llama módulo.

- Cuando estás cargando cualquiera de los módulos en tu Python usando la frase import, puedes usar todos los métodos y funciones presentes en el módulo particular. Luego de importarla, puede referirse múltiples veces para reducir las líneas de código. Los módulos siempre ayudan a visualizar una imagen más grande del programa. A menos que estés usando el intérprete Python, puedes importar módulos simplemente usando su nombre.

- Puesto que los módulos son códigos de programa auto-contenidos, siendo un programador, sus parámetros están aislados de tu código Python. Te ayuda a escribir tu código Python de una forma bien organizada con una organización de máximo nivel en mente.

Capitulo 12

Entrada y Salida de Archivos

Cada programa es una combinación de frases de programa para realizar alguna tarea o lógica. Estás lógicas pueden o no requerir entradas para brindar una salida, por lo tanto las entradas que son sacadas son parte de todo programa. Necesitas un archivo para almacenar todo para el almacenamiento en la computadora, el cual es gestionado por el OS (sistema operativo). A pesar de que la variable nos brinda una forma de almacenar los datos mientras un programa se ejecuta, debemos guardarlo en un archivo si queremos mantener los datos luego de que el programa termine.

Hay siempre dos partes de un archivo de sistema de la computadora, una es el nombre de archivo y la otra es una extensión del archivo.

Además, estos archivos también tienen dos atributos clave, que son el nombre y la ubicación o ruta que especifica la ubicación del archivo en la computadora. Las dos partes del nombre del archivo están separadas por puntos (.) o períodos.

El método abierto integrado se usa para crear un archivo de objeto Python que brinda una conexión a los archivos, que reside en la máquina del programador. Luego de llamar una función abierta, el programador puede transferir los datos de cadena de caracteres hacia y desde un archivo externo que resida en la máquina.

Imprimir a la pantalla.

Puedes producir una salida al usar la frase "print" dónde puedes pasar una expresión separada por comas. Esta función convierte la expresión que estás pasando en una cadena de caracteres y escribe el resultado en una salida estándar.

Código:

```
print "python is widely used programming language";
```

Salida:

```
python is widely used programming language
```

Leer entrada:

Puedes leer una línea de texto de un entrada (input) estándar, que llegará del teclado al usar dos funciones integradas.

- raw_input
- input

- **Función raw-input:**

La función raw_input lee una línea de una entrada estándar y retorna como salida una cadena de caracteres.

Código:

```
str = raw_input("Enter string: ");
print "input is: ", str
```

Salida:

```
Enter string: Hello python
input is:  Hello python
```

- **Función input:**

    La función input asume que la entrada es una expresión de Python válida un retornará el resultado evaluado a ti.

Código:

```
str = input("Enter string: ");
print "input is: ", str
```

Salida:

```
Enter string: [x*5 for x in range(2,10,2)]
input is:  [10, 20, 30, 40]
```

Abrir y cerrar el archivo:

Desde el inicio de este capítulo, entendemos la función relacionada a la entrada y salida desde de los usuarios. En la siguiente discusión, tendremos un entendimiento profundo de tomar entradas de un archivo y almacenar las salidas en él.

Función open (abrir):

Tienes que abrir un archivo antes de empezar a leer y escribir cualquier archivo. Python tiene una función integrada que se usa para abrir un archivo, es decir open(). Esta función creara un objeto de archivo, que se usará para llamar otros métodos asociados con él.

Sintaxis:

File object = open(file_name[, access_mode][, buffering])

Parámetros:

file_name = el file_name (nombre de archive) es un valor de cadena de caracteres que contiene un nombre de archivo para acceder.

access_mode = el modo de acceso brinda el modo en el que el programador quiere abrir el archivo, es decir, leer, escribir, adjuntar, etc.

buffering = si el valor del buffer es 0, significa que no hay buffering. Si es 1, entonces la línea de buffering es realizada mientras se accede al archivo. Si especificas el valor del buffer como mayor que uno, entonces la operación del buffer se ejecuta con el tamaño de buffer especificado. Si es negativo, el tamaño del buffer está por defecto en el sistema.

Diferentes Modos:

Modos	Descripción
R	Abre el archivo sólo para lectura
r+	Abre el archivo tanto para lectura y escritura
rb	Abre el archivo para lectura en formato binario

rb+	Abre el archivo tanto para lectura como para escritura en formato binario
W	Abre el archivo para escritura solamente
w+	Abre el archivo tanto para leer como para escribir
wb	Abre el archivo para escribir en un formato binario
wb+	Abre el archivo tanto para lectura y escritura en un formato binario
A	Abre el archivo para adjuntar
a+	Abre el archivo tanto para adjuntar como para leer
ab	Abre el archive para adjuntar en format binario

ab+	Abre el archivo para adjuntar y leer en un formato binario

Función Close (cerrar):

El método close () del objeto de archivo refresca cualquier información no escrita y cierra el archivo objeto y el objeto no puede ser escrito después.

Python cierra el archivo automáticamente cuando el archivo es reasignado a otro archivo.

Sintaxis:

fileObject.close();

Código:

```
foo = open("python.txt", "wb")
print "Name of the file: ", foo.name
foo.close()
```

Salida:

```
Name of the file: python.txt
```

Leer y Escribir el archivo:

Función Write (escribir):

Puedes escribir cualquier cadena de caracteres a un archivo abierto usando la función write (). Es realmente importante que la cadena de caracteres de Python contenga datos binarios y no sólo texto. No añade una nueva línea caracteres al final de la cadena de caracteres.

Sintaxis

fileObject.write(string);

Código:

```
foo = open("python.txt", "wb")
foo.write( "Python is a widely used programming language.\nYeah its great!!\n");
foo.close()
```

Salida:

```
Python is a widely used programming language.
Yeah its great!!
```

El método anterior creará un archivo .text y escribe

contenido en el archivo, y luego de la ejecución, cierra el archivo.

Función Read (leer)

Puedes leer una cadena de caracteres desde un archivo abierto al usar la función read().

Sintaxis:

    fileObject.read([count]);

Parámetros:

    El parámetro pasante está representando el número de bytes a ser leídos desde el archivo abierto. Este método empieza leyendo desde el inicio del archivo, y si la cuenta se pierde, entonces intenta leer tanto como sea posible, quizás hasta que el archivo termine.

Código:

```
foo = open("python.txt", "r+")
str = foo.read(10);
print "Read String is : ", str
foo.close()
```

Salida:

```
Name of the file: python.txt
Closed or not : False
Opening mode : wb
Softspace flag : 0
happy@happy-300E4C-300E5C-300E7C:~/python$ gedit open.py
happy@happy-300E4C-300E5C-300E7C:~/python$ gedit close.py
happy@happy-300E4C-300E5C-300E7C:~/python$ python close.py
Name of the file: python.txt
happy@happy-300E4C-300E5C-300E7C:~/python$ gedit close.py
happy@happy-300E4C-300E5C-300E7C:~/python$ gedit write.py
happy@happy-300E4C-300E5C-300E7C:~/python$ python write.py
happy@happy-300E4C-300E5C-300E7C:~/python$ open write.txt
Couldn't get a file descriptor referring to the console
happy@happy-300E4C-300E5C-300E7C:~/python$ gedit python.txt
happy@happy-300E4C-300E5C-300E7C:~/python$ gedit write.py
happy@happy-300E4C-300E5C-300E7C:~/python$ gedit read.py
happy@happy-300E4C-300E5C-300E7C:~/python$ gedit python.txt
happy@happy-300E4C-300E5C-300E7C:~/python$ python read.py
Read String is : Python is
```

Posición de Archivo:

Si quieres revisar la posición actual con el archivo, entonces puedes usar la función *tell*(). La siguiente lectura y escritura ocurrirá luego del número de bytes retornados de la función tell() desde el inicio del archivo.

Seek (búsqueda) (offset [, from]) se usa para cambiar la posición de archivo actual. El offset indica el número de bytes a mover. From se usa para especificar la posición de referencia desde la cual quieres mover los bytes.

Si from está fijada en 0, el inicio del archivo se usa como posición de referencia. 1 indica que la posición actual se usa como una posición de referencia. Si se fija en 2, entonces el final del archivo será tratado como una posición de referencia.

Código:

```
foo = open("python.txt", "r+")
str = foo.read(10);
print "Read String is : ", str
position = foo.tell();
print "Current file position : ", position
position = foo.seek(0, 0);
str = foo.read(10);
print "Again read String is : ", str
foo.close()
```

Salida:

```
Read String is :  Python is
Current file position :  10
Again read String is :  Python is
```

Renombrar y Borrar Archivo:

Función Rename (renombrar):

La función rename generalmente toma dos argumetnos, es decir, el nombre de archivo actual y el nuevo nombre de archivo.

Sintaxis:

>   os.rename(current_filename, new_filename)

Función remove (remover):

Puedes borrar archivos al dar el nombre del archivo como un argumento en la función remove ().

Sintaxis:

>   os.remove(file_name)

Código:

```
import os
# Remove a file python1.txt
os.remove( "python1.txt" )
```

Flush de archivo:

Python automáticamente "flushea" el archivo cuando está cerrado. Pero si quieres flushear los datos antes de cerrar el archivo, puedes usar entonces la función flush (). Este método se usa para flushear el buffer interno.

Sintaxis:

fileObject.flush();

Si no retorna ningún valor.

Código:

```
foo = open("python.txt", "wb")
print "Name of the file: ", foo.name
# Here it does nothing, but you can call it with read operation.
foo.flush()
foo.close()
```

Salida:

```
Name of the file:  python.txt
```

Archivo siguiente (next)

La función *next()* se usa cuando el archivo se usa repetidamente o iterativamente. Retorna a siguiente línea de entrada, y produce *Stopiteration* (detiene la iteración) cuando llega al final de la línea.

Usar el método *next()* con otros métodos de archivos tales como *readline* () no es correcto. Sin embargo, usar *seek* () para reubicar el archivo a una posición absoluta refresca el buffer de lectura anticipada..

Sintaxis:

fileObject.next();

La función next() retornará la siguiente línea de entrada.

Código:

```
foo = open("python.txt", "rw+")
print "Name of the file: ", foo.name
# Assuming file has following 3 lines
# This is 1st line
# This is 2nd line
# This is 3rd line
for index in range(3):
   line = foo.next()
   print "Line No %d - %s" % (index, line)
foo.close()
```

Ejercicio

1. ¿Cuáles son los usos de las funciones help () y dir() en Python?

   Respuesta: las funciones help () y dir () pueden ser accedidas desde el intérprete de Python y usadas para ver volcados de memoria de funciones integradas.

   - Función help: la función help() se usa para mostrar cadenas de caracteres de documentos, así como también ayuda

con módulos, palabras clave, propiedades, y más.
- Función Dir: dir() se usa para mostrar los símbolos que están definidos.

2. ¿Qué son índices negativos y dónde se usan?

Respuesta: la secuencia en Python está indexada y consiste de números positivos y negativos. Los números positivos usan el '0' como primer índice y '1' como el segundo índice, así se hace el proceso.

Los índices negativos empiezan con '-1' indicando el último índice en la secuencia, y '-2' como el penúltimo índice, y la secuencia va hacia adelante como un número positivo.

Capitulo 13

Programación orientada a objeto

Introducción:

La segunda filosofía tras el desarrollo del lenguaje Python era crear un lenguaje de programación orientado a objetos y fácil de codificar que tenga la capacidad de menos tiempo de desarrollo con todas la ventajas de la orientación a objeto. Sin embargo, usar la forma de programación orientada a objeto de Python es opcional, pero es una buena práctica durante programación procesal.

Ciertamente puedes usar la práctica de programación procedural con Python. Lo que te permite desarrollar bastante rápidamente. En la práctica, la programación orientada a objeto requiere mucho pre-planeamiento en el desarrollo real de la solución, por ende se usa para grandes proyectos. Cuando el tiempo para la solución es menor, entonces la aproximación de arriba hacia abajo al escribir guiones de Python es una mejor opción. En algunas situaciones, si el pre-planeamiento y las estrategias de modelado de programa son propiamente formadas para grandes proyectos, entonces el tiempo de desarrollo podría reducirse significativamente.

Si no estás familiarizado con lo básico o los fundamentos del enfoque orientado a objeto, entonces es aconsejable que te refieras a todos los principios básicos de la programación orientada a objeto. Antes de ir más profundo en la programación orientada a objeto, vamos a familiarizarnos con varias terminologías asociadas con ello:

1. Clase (class):

    La clase es un prototipo, que es definida por el usuario y especifica un conjunto estándar de atributos. Estos atributos son métodos, variables de instancia, y variables de datos.

2. Variable de clase:

    Las variables de clase (class variable) son los objetos o variables que se comparten en una clase particular. Estas variables son declaradas y definidas dentro del cuerpo de una clase, pero fuera del método presente en la clase. Generalmente, estos tipos de variables son menos comúnmente usadas que las variables de instancia.

3. Instancia (instance):

Un objeto específico de clase se llama una instancia de esa clase particular.

4. Variable de Instancia:

Las variables que se declaran y definen dentro del cuerpo del método de clase y cuyo alcance está sólo dentro del cuerpo del método.

5. Objeto:

Un objeto (object) es el bloque de construcción básico de cualquier lenguaje de programación orientado a objeto. Es una instancia particular de la estructura de datos que se define por su clase. El objeto incluye métodos de variables de instancia y variables de clase.

6. Método:

El método (method en inglés) es una pequeña función o procedimiento definida dentro de una clase. Estos son los bloques de construcción de cualquier clase que implemente cierta lógica.

7. Herencia:

La herencia (inheritance) es una de las ventajas populares de usar un lenguaje de programación orientado a objeto. Es un proceso en el cual las características de una clase se transfieren a otra clase. La nueva clase, que se deriva de la clase anterior, se conoce también como la clase hija.

Ahora, empecemos con la programación orientada objeto en las próximas secciones:

Creando una clase:

Las clases son prototipos definidos por el usuario con sus atributos. Para crear una clase en el lenguaje Python. La siguiente sintaxis se usa:

class ClassName:

    "Class Documentation string"

    classAttributes

En la sintaxis anterior, la clase es una frase que crea una clase con nombre de clase className. La siguiente línea luego de los dos puntos es para la documentación de la clase. La cadena de caracteres de documentación contiene toda la información de la clase en las comas doblas invertidas. El cuerpo de la clase tiene classAttributes (atributos de clase) y comprende variables de clase, variables de instancia, y métodos.

Ejemplo de Clase

Entendamos lo fundamental de clases orientadas a objetos con un simple ejemplo de programación.

Código

```python
"""
Program to create Employee Class
"""
class Employee:
        'Base class for Employee'
        employeeCount = 0;

        def __init__(self, name, salary):
                self.name = name
                self.salary = salary
                Employee.employeeCount += 1

        def displayCount(self):
                print "Total Employees are %d" % Employee.employeeCount

        def displayEmployee(self):
                print "Name : ", self.name, ",Salary :", self.salary

# Creating fist object of Employee Class
employee1 = Employee("Alex", 8000)

# Creating second object of Employee Class
employee2 = Employee("Neo", 10000)

# Displaying employee1 and employee2 data
employee1.displayEmployee()
employee2.displayEmployee()

# Displaying totoal number of employee
print "Totol Employee :%d" % Employee.employeeCount
```

Salida

```
Name :   Alex ,Salary : 8000
Name :   Neo ,Salary : 10000
Totol Employee :2
```

En el ejemplo anterior, la clase Employee (empleado) puede tener múltiples atributos tales como el nombre del empleado, salario del empleado y su cuenta, por ende la clase permite al programador especificar la entidad con sus características. displayCount y displayEmployee son los métodos de la clase Employee. Dentro de la clase Employee, la variable employeeCount es una variable de instancia pues su alcance está dentro de la clase solamente.

El nombre del método con __init__ dentro de la clase Employee se llama el constructor o método de inicialización cada vez que un objeto de la clase Employee se crea, entonces sus atributos son inicializados con los argumentos especificados.

Para crear un objeto de la clase, puede ser llamado con su nombre y el parámetro inicializado es pasado. En el programa anterior, employee1 y employee2 son dos objetos de la clase Employee. Para acceder a los atributos de cualquier clase, puede usarse con className, el operador dot (punto) y atribuir el nombre. Como puedes ver, para llamar displayEmployee, el método employee1.displayEmployee() es usado.

La filosofía de programación orientada objeto ayuda a distribuir las entidades de tiempo real como clases y permite al programador escribir código modular e implementarlo para aplicaciones más grandes.

Ejercicio

1. ¿Qué es la programación orientada a objeto?

   Respuesta: OOPS se abrevia como un sistema de programación orientado a objeto, en el cual los programas son tratados como una colección de objetos. Cada objeto es una instancia de una clase.

2. Explique la función overloading

   Respuesta: la función overloading (sobrecarga) se define como una función normal, pero tiene la habilidad de realizar diferentes tareas. A través de los tipos de entrada y salida de la función, puedes crear varios métodos con el mismo nombre.

Capitulo 14

Optimización de Código

Python es uno de los lenguajes de programación más populares y ampliamente usado para resolver retos de programación. Pueden haber muchas soluciones para el problema particular al usar distintas lógicas, pero la efectividad de cualquier solución se mide en términos del tiempo y la memoria consumidos. Si tu solución está dando la salida correcta pero toma mucho tiempo para correr, entonces no está optimizada, es similar para el consumo de memoria. Tu programa debería estar consumiendo el óptimo de memoria. Pero siempre hay un intercambio entre estos dos parámetros. Porque cuando intentas escribir un código de alta velocidad, entonces incrementa el consumo de memoria del sistema y viceversa, pero basándose en los requerimientos de la aplicación, uno puede encontrar una solución bien optimizada.

Crear una solución altamente efectiva requiere mucha experiencia de programación y conocimiento profundo del lenguaje Python. En las siguientes secciones de este capítulo, hemos discutido algunas técnicas para encontrar una solución optimizadas, y son las siguientes:.

- **Uso de funciones integradas y bibliotecas:** una función integrada es realmente útil para optimizar cualquier código. El intérprete no necesita ejecutar bucles particulares de modo que te de resultados rápidos.
  Los paquetes son de plataforma específica, lo que significa que si estás haciendo una operación de cadena de caracteres, entonces es mejor usar paquetes de Python para optimizar tu código. Por ejemplo, usar el

módulo existente "collection" como "deque" la cual es una forma optimizada mientras se trata con cadenas de caracteres.

Código:

```
from collections import deque
s = 'python'
d = deque(s)
d.append('y')
d.appendleft('h')
print d
d.pop()
d.popleft()
print list(reversed(d))
```

Salida:

```
deque(['h', 'p', 'y', 't', 'h', 'o', 'n', 'y'])
['n', 'o', 'h', 't', 'y', 'p']
```

- **Ordenar usando teclas:** puedes usar el parámetro clave de ordenamiento integrado, la cual es una manera más rápida de ordenar

Código:

```
list = [1, -3, 6, 11, 5]
list.sort()
print list

s = 'python'
s = sorted(s)
print s
```

Salida:

```
[-3, 1, 5, 6, 11]
['h', 'n', 'o', 'p', 't', 'y']
```

- **Optimizar bucle:** deberías escribir tu código con parámetros de tiempo en tu mente, particularmente cuando se trata con bucles. Debido a que Python está diseñado para tener sólo una manera de hacer tareas.

Código:

```python
s = 'pythonprogram'
slist = ''
for i in s:
    slist = slist + i
print slist

# string concatenation
st = 'pythonprogram'
slist = ''.join([i for i in s])
print slist

# Better way to iterate a range
evens = [ i for i in xrange(10) if i%2 == 0]
print evens

# Less faster
i = 0
evens = []
while i < 10:
    if i %2 == 0:
        evens.append(i)
        i += 1
print evens

# slow
v = 'for'
s = 'python ' + v + ' python'
print s

# fast
s = 'python %s python' % v
print s
```

Salida:

```
pythonprogram
pythonprogram
[0, 2, 4, 6, 8]
```

- **Probar múltiples método al codificar:** siempre prueba múltiples enfoques mientras creas una aplicación debido a que uno pude darte mejores resultados que otro. Para las diferentes entradas, toma diferentes tiempos para la ejecución. Para algún conjunto particular de entradas, tu solución escogida puede ser lenta, puedes decidir según la necesidad de tu aplicación.

<u>Código:</u>

```
my_dict = {'p':1,'r':1,'o':1,'g':1}
word = 'pythonprogram'
for w in word:
    if w not in my_dict:
        my_dict[w] = 0
    my_dict[w] += 1
print my_dict

# faster
my_dict = {'p':1,'r':1,'o':1,'g':1}
word = 'pythonprogram'
for w in word:
    try:
        my_dict[w] += 1
    except KeyError:
        my_dict[w] = 1
print my_dict
```

Salida:

```
{'a': 1, 'g': 2, 'h': 1, 'm': 1, 'o': 3, 'n': 1, 'p': 3, 'r': 3, 't': 1, 'y': 1}
{'a': 1, 'g': 2, 'h': 1, 'm': 1, 'o': 3, 'n': 1, 'p': 3, 'r': 3, 't': 1, 'y': 1}
```

- **Usa *xrange*:** esta función se usa para mostrar un número al hacer un bucle porque retorna el objeto generador. Esta función se usa para mostrar sólo un rango particular bajo demanda y por ende se conoce como "evaluación perezosa".

Pero puede ahorrar la memoria de tu sistema porque sólo llevará un elemento entero por vez.

Código:

```
# slower
x = [i for i in range(0,10,2)]
print x

# faster
x = [i for i in xrange(0,10,2)]
print x
```

Salida:

```
[0, 2, 4, 6, 8]
[0, 2, 4, 6, 8]
```

- **Usa la variable local:** Python retira la variable local más rápido de lo que retira una variable global. Evita las variables globales tanto como puedas. Si accedes cualquier frase a menudo, que esté dentro de un bucle, entonces escríbela a la variable.

Código:

```
# run faster
class Test:
    def func(self,x):
        print x+x
Obj = Test()
my_test = Obj.func # Declaring local variable
n = 2
for i in range(n):
    my_test(i) # faster than Obj.func(i)
```

- **Función Lambda:** la función lambda es una función anónima que puede ser usada con las funciones *filter()*, *map()*, y *reduce()*.

Código:
```
>>> f =lambda x,y: x/y
>>> f(1,1)
1
>>> 
```

Filter () –

Sintaxis:

        filter (function, list)

El primer parámetro de "filter" es función y el otro es lista.

Código:

```
>>> f =lambda x,y: x/y
>>> f(1,1)
1
>>> a = [1,2,3,4]
>>> p = map(lambda x:x*10, a)
>>> print p
[10, 20, 30, 40]
>>> a = [10,20,30,40,50,60]
>>> p = filter(lambda x: x % 2,a)
>>> print p
[]
>>> a = [1,2,3,4,5,6,7,8,9,10]
>>> p = filter(lambda x: x % 2,a)
>>> print p
[1, 3, 5, 7, 9]
>>>
```

Map () –

Sintaxis:

        map (function, list)

El primer parámetro de "map" es función y otro es lista.

Código:

```
>>> f =lambda x,y: x/y
>>> f(1,1)
1
>>> a = [1,2,3,4]
>>> p = map(lambda x:x*10, a)
>>> print p
[10, 20, 30, 40]
>>>
```

Reduce () –

Sintaxis

        reduce (function, list)

El primer parámetro de "reduce" es función y el otro es lista.

Código:

```
>>> a = range(2,6)
>>> p = reduce(lambda x,y:x+y, a)
>>> print p
14
>>>
```

- **Lista:** usa listas en lugar de un código largo. Pues te da la flexibilidad para eliminar un gran número de líneas del programa.

Código:

```
>>>  q = [ ]
  File "<stdin>", line 1
    q = [ ]
    ^
IndentationError: unexpected indent
>>> q = [ ]
>>> for i in range(5,10):
...     for j in range(i*2,20):
...         q.append(j)
...
>>> print q
[10, 11, 12, 13, 14, 15, 16, 17, 18, 19, 12, 13, 14, 15, 16, 17, 18, 19, 14, 15,
 16, 17, 18, 19, 16, 17, 18, 19, 18, 19]
>>>
```

Forma optimizada:

```
>>> a= [j for i in range(5,10) for j in range(i
```

- **Diccionario:** usa comprensión de diccionario para la optimización mientras creas un diccionario.

Código:

```
>>> d = {k: k*3 for k in range(1,5)}
>>> print d
{1: 3, 2: 6, 3: 9, 4: 12}
>>>
```

- **Usa import (importar) de forma adecuada:** a veces tienes un paquete particular para un módulo particular de modo que es una manera optimizada si especificas el paquete particular y el módulo.

  Código:

  ```
  Normal way: from country import *
  Correct way: from country.india import states
  ```

- **Generador Lazy:** si estás usando un rango para encontrar algo de 100 elementos, entonces será un desperdicio de memoria. Puedes usar xrange para la optimización, pues genera cada número que la suma consumirá para acumular la suma.

  Código:

  ```
  >>> n=sum(range(100))
  >>> print n
  4950
  >>>
  ```

- **Técnica Peephole:** es una técnica que se usa para optimizar pequeños segmentos de instrucción desde un programa. El segmento se llama "Peephole" o "window". Encuentra las instrucciones que puedes reemplazar con un programa minimizado o instrucción.

Código:

```
>>> ele = 'peephole'
>>> if ele in {'peephole', 'demo', 'optimization'} : print("TRUE")
...
TRUE
>>>
```

En este ejemplo. Usamos el operador "in" para encontrar elementos particulares de la colección. Aquí, Python detecta que la colección será usada para verificar la membresía del elemento. De modo que trata estas instrucciones como una operación constante sin importar el tamaño de la colección y los procesa más rápido que las tuplas y las listas. Este método también es conocido como prueba de membresía en Python.

- **Usa perfil de Avance con el perfil C:** el perfil C es una parte de los paquetes en la programación Python. Puedes usar el perfil C de muchas maneras con tu código Python. Por ejemplo, puedes envolver una función dentro de ejecutar método para medir el desempeño del programa o para correr el guion desde la línea de comando con el perfil c como un argumento.

Código:

```
>>> ele = 'peephole'
>>> if ele in {'peephole', 'demo', 'optimization'} : print("TRUE")
...
TRUE
>>> import cProfile
>>> cProfile.run('10*10')
         2 function calls in 0.000 seconds

   Ordered by: standard name

   ncalls  tottime  percall  cumtime  percall filename:lineno(function)
        1    0.000    0.000    0.000    0.000 <string>:1(<module>)
        1    0.000    0.000    0.000    0.000 {method 'disable' of '_lsprof.Prof
iler' objects}


>>>
```

Puedes ver el resultado y encontrar el área que pienses que necesitas mejorar. Puedes adjuntar el perfil C mientras se ejecuta el guion también.

- **Interpretar el resultado del perfil C:** es incluso más importante al culpable en el análisis de la salida. Si eres capaz de encontrar el elemento clave que constituye el reporte del perfil C, entonces sólo tú puedes tomar la decisión.
  1. ncalls – Numero de llamadas hechas..
  2. tottime – Tiempo tomado en una función dada.
  3. percall – Representa el cociente de "tottie" dividido por "ncalls".
  4. Cumtime – Tiempo acumulativo al ejecutar la función.
  5. filename_lineno (función) – Punto de acción en un programa.

- **Optimización usando frase IF**: la mayoría de los lenguajes de programación permiten la pereza- si se evalúa, Python también. Esto significa que si añades la condición "AND", no todas las condiciones serán probadas cuando alguna sea cierta a menos que sea un error.

    Puedes utilizar esta técnica para ajustes normales de tu código actual. Por ejemplo, si buscas un patrón específico en un programa entonces puedes reducir el alcance con el uso de la condición "AND".

Ejercicio

1. ¿Cómo funciona la gestión de memoria?

   Respuesta: la memoria de Python es gestionada por el espacio de almacenamiento privado de Python. Todos los objetos de Python y las estructuras de datos están en un almacenamiento privado. Los programadores no tienen permiso de acceder a este almacenamiento privado, el intérprete es responsable de manejar este almacenamiento privado de Python.

   La ubicación del espacio de almacenamiento privado para objetos de Python es hecha por el administrador de memoria de Python. El API central brinda algunas herramientas para que los programadores escriban códigos. Python también tiene un colector de basura integrado que reclama toda la memoria no usada y libera memoria y la vuelve disponible para el espacio de almacenamiento privado.

2. ¿Por qué toda memoria no es desubicada en Python?

Respuesta: siempre que Python exista, especialmente aquellos módulos de Python que tienen referencias circulares a otros objetos u objetos referenciados desde el espacio de nombre global no siempre son desubicados o liberados. A la salida, debido a su propio mecanismo de limpieza, Python intentará liberar/ destruir todos los otros objetos.

Capitulo 15

Bibliotecas Útiles de Python

A lo largo de este libro, hemos discutido varias características del lenguaje Python y sus utilidades, hay casi usos ilimitados de Python actualmente. Sus usos en varios dominios se deben a su aproximación de programación rápida y fácil. Varias bibliotecas presentes hasta la fecha, enriquecen su utilidad. Podrías nombrar cualquier domino para programar y sus bibliotecas están disponibles en internet. Sólo es cuestión de importar estas bibliotecas a tu código y de usar sus módulos para la aplicación de tu programa.

Ya hemos discutido acerca de las bibliotecas de Python relacionadas a aplicaciones matemáticas y científicas en "Aspectos Matemáticos". Veamos algunas otras bibliotecas de Python y sus aplicaciones en mayor profundidad. Mientras tanto, conocerás muchas formas de usarlas para tus tareas de programación. ¡Empecemos!

Biblioteca Tkinter:

Esta biblioteca está integrada en todos los paquetes de Python, de modo que no necesitas instalarla separadamente en tu sistema. Como hemos discutido en el capítulo "_____". El nombre de Tkinter es la abreviación de "interface to Tk" o interfaz para Tk. Esta es una de las muchas bibliotecas GUI para Python. Para importar esta biblioteca a tu programa, puedes usar la siguiente línea:

$ import Tkinter

O

$ from Tkinter import *

En caso de que quieras incluir algún módulo desde ella, puedes usar:

$ from Tkinter import moduleName

Dónde moduleName es cualquier nombre de módulo presente en Tkinter, los módulos disponibles se discuten en las secciones próximas.

Usos:

Puedes usarla para crear Interfaces Gráficas de Usuario (por sus singlas en inglés GUI) tales como formas, botones, casillas de verificación, y muchas otras GUI. El diseño de interfaz frontal es un aspecto importante cuando se crea cualquier aplicación. Esta biblioteca puede ayudarte con ello.

Modulos:

ScrolledText: Para crear un widget de texto teniendo una barra de deslizamiento.

tkColorChooser: Permite al usuario seleccionar un color particular.

tkCommonDialog: Para crear cuadros de diálogo de diferentes tipos.

tkFileDialog: Para brindar un cuadro de dialogo para seleccionar o guardar el archivo por el usuario.

tkFont: Para usar la diferentes fuentes para GUI.

tkMessageBox: Para crear cuadros de mensajes.

tkSimpleDialog: Brinda funciones de cajas de diálogo primarias.

Bilioteca PyQT:

PyQT es la biblioteca de interfaz gráfica de usuario más popular, que es desarrollada por Riverbank Computing Ltd. La biblioteca no sólo se usa para aplicaciones de computadoras, sino también en aplicaciones incrustadas. Hay muchas versiones de PyQT que han sido lanzadas.

Para importar esta biblioteca en tu código, tienes que instalar PyQT usando el instalador pip en tu sistema.

Usos:

Los usos de la biblioteca PyQT son diversos. Algunas de las bastante complejas aplicaciones (incluyendo aplicaciones incrustadas) usándola para el desarrollo de su interfaz gráfica de usuario.

Modulos:

Hay cientos de módulos disponibles desde la biblioteca PyQT; sólo tienes que usar los módulos particulares para tus aplicaciones. Puedes ir al enlace para explorar su documentación:

http://pyqt.sourceforge.net/Docs/PyQt5/

Algunos de los módulos generales de PyQT son los siguientes:

QtGui: Se usa para la integración de sistemas, manejo de eventos de GUI, gráficos bidimensionales, imágenes básicas, textos y fuentes.

QtWidgets: Este módulo comprende casi todos los elementos de interfaz gráfica de usuario tales como botón, cuadro de texto, rueda de lista, etcétera.

QtFileDialog: Este módulo contiene todas las clases y funciones relacionadas a la selección y guardado de archivos por el usuario.

Biblioteca Request:

Request es una biblioteca HTTP muy simple y rápida que fue desarrollada por Kenneth Reitz. Esta debe ser una biblioteca conocida por cualquier programador de Python. Sus queridas características atraen a todo desarrollador web de Python.

Para instalarla en tu sistema y usarla con tu programa Python, tienes que instalarla usando pipenv.

Usos:

Esta biblioteca es útil para solicitar una URL de forma automatizada. Hay varias características disponibles con ella, tales como fondo de conexiones, conectarse a dominios internacionales y URLs, verificación tipo buscador SSL, y decodificación automática de contenido.

Modulos:

Request: Este método ayuda a enviar y solicitar una URL especificada.

Head: Este método se usa para enviar la solicitud HEAD.

Get: Este método envía una solicitud GET.

Put: Este método ayuda a enviar una solicitud PUT.

Patch: Este método se usa para enviar una solicitud PATCH a la URL.

Delete: Este método se usa para enviar una solicitud de DELETE.

Excepción:

Hay muchas excepciones que ocurren mientras se trabaja con la biblioteca request. Entendamos estas excepciones y sus causas:

RequestException: Cada vez que hay excepciones ambiguas durante la solicitud.

ConnectionError: Cada vez ocurre un error de conexión.

URLRequired: Cada vez que la URL correcta se requiere para solicitar.

ConnectionTimeout: Cada vez que ocurre una expiración cuando se conecta a un servidor remoto.

HTTPError: Cada vez que ocurre un error HTTP.

Biblioteca SQLAchemy:

Esta es una de las bibliotecas de acceso de base de datos de Python importante. Incluye todas las herramientas requeridas para acceder a bases de datos SQL y para mapearlas. Brinda flexibilidad y poder al desarrollador para escribir programa eficiente y de alto rendimiento de base de datos.

Hay muchas funciones de acceso a bases de datos de nivel avanzado disponibles en este módulo. Para instalar esta biblioteca en tu sistema, tienes que ayudarte con el módulo pip.

Usos:

La utilidad fundamental de SQLAlchemy es enlazar tu aplicación de Python a la base de datos de SQL y accederla usando todas las capacidades de SQL. La característica más popular de la biblioteca SQLAlchemy es ORM (siglas de Object- Relational Mapper, o Mapeador Relacionado a Objeto). Es un componente opcional brindado por esta biblioteca que da un patrón de mapeo de datos que le permite a tu programa mapear la base de datos de múltiples formas. Si quieres explorar más de sus usos, puedes visitar http://www.sqlalchemy.org/

Módulos:

SQLAlchemy tiene un conjunto rico de módulos, que te da el poder de enlazar y acceder a datos SQL de forma flexible. Algunos de sus módulos son los siguientes:

Query: Query es la fuente básica de todas las frases SELECT en la base de datos SQL. Este método te permite generar una consulta para la base de datos.

Add_column: Ayuda a añadir una expresión de columna con la lista de resultados de consulta.

Add_Columns: Te ayuda a añadir múltiples expresiones de columna con la lista de resultados de consulta.

Add_entity: Añade una entrada mapeada en la lista de resultados.

All: Ayuda a toda la expresión SELECT dada por la consulta.

As_scalar: It returns the whole SELECT expression given by the query.

Autoflush: Da una consulta con un conjunto particular de "autoflush"

Column_description: Retorna meta-datos para la columna retornada de la consulta.

Count: Te da una cuenta de las líneas de resultados de la consulta retornada.

Delete: Te ayuda a borrar los datos pesados de los resultados de la consulta.

www.ingramcontent.com/pod-product-compliance
Lightning Source LLC
Chambersburg PA
CBHW052311220526
45472CB00001B/66